-ㅇ-

탑클래스
마인드셋

퇴사와 이직을 꿈꾸는 승무원을 위한
두 번째 커리어 플랜

탑 클래스
마인드셋

김샛별
김지은
조민지
지음

서 사 원

작가의 글

꿈의 방향성을 잃지 마세요

"All our dreams can come true
if we have the courage to pursue them!"

- 월트 디즈니|Walt Disney

　　이 책을 읽는 분들은 승무원이라는 직업에 관심이 있거나 승무원 이후의 삶에 궁금증을 가지고 있을 것 같습니다. 저 또한 승무원 면접을 준비하던 시절에는 전직 승무원이 쓴 책이나 자기계발서를 읽으며 내 꿈의 방향성을 찾고자 했습니다. 취업의 마지막 단계인 파이널 면접에서 실패를 맛보았을 땐 떨어진 자존감을 회복시키기 위해 좋은 에너지를 주는 책들을 찾아서 읽었습니다.

　　절실한 마음으로 꿈을 이루고자 하는 사람들에게는 작은 조언일지라도 큰 힘이 된다는 것을 알기에 좌절을 느끼고 또 성취감도 맛봤던 제 경험을 바탕으로 몇 가지 이야기하고 싶습니다.

　　첫 번째, 즐거운 마음을 유지하는 것이 중요합니다. 저도 '내가 과연 승무원이 될 수 있을까'라는 걱정과 조바심으로 우울하게 보낸 시절이 있었습니다. 나이도 많고, 원어민처럼 영어를 잘하는 것도 아니라는 생각에 사로잡혀 스스로 면접에 대한 자신감을 떨어트렸습니다. 부정적인 생각을 하면 할수록 우울감은 더욱 깊어졌고, 표정 또한 어둡게 변해 갔습니다. 하지만 내가 꿈꾸는 일은 승무원이고, 회사는 밝은 에너지를 가진 사람을 채용하고 싶어 한다는 것을 깨달은 뒤에는 사소한 즐거움을 만드는 연습을 했습니다. 가장 효과적이었던 것은 '운동'이었습니다. 그때는 남산 근처에서 자취 생활을 하고 있었는데, 시간이 날 때마다 물과 간식을 싸서 남산을 올랐습니다. 처음에는 반도 못 올라갔는데 숨이 차고 온몸에 땀이 나서 고통스러웠습니다. 하지만 매일 반복하다 보니 어느 순간 쉽게 산에 오를 수 있었고, 새로운 산책 코스를 발견하는 재미도 알게 되었습니다. 이뿐만 아니라 몸이 가벼워지고 체력도 좋아지면서 얼굴의 혈색도 살아났습니다. 돈을 많이 들여서 운동을 할 수도 있었겠지만, 그랬다면 매일 나무를 보고 자연을 느끼면서 산책하는 상쾌함은 느낄 수 없었을 것입니다.

학생들의 취업 진로 지도를 하다 보면 대부분이 토익 점수를 올리고 자격증을 취득하는 등의 스펙 쌓기에만 전념하는 것을 볼 수 있습니다. 남보다 뛰어난 스펙을 가지는 것도 취업에 도움이 되지만 긍정적인 마음을 가지는 것 또한 서비스업 면접에 큰 영향력을 줄 수 있습니다.

승무원 면접을 준비하던 시절, 면접 스터디와 영어 스터디를 오가면서 같은 꿈을 가진 친구들을 많이 만났습니다. 이 친구들은 막막하고도 긴 취업의 터널을 지날 때 든든하게 힘이 되어 주었습니다. 특히 목표하는 바가 같았기 때문에 면접을 준비하는 도중에 막히는 일이 있거나 힘이 들 때는 진심으로 이해해 주고 위로해 주었습니다. 매일 습관처럼 진행하던 스터디는 어느 순간 지루해지고 지치기 마련이지만 조원들을 만난다는 생각에 기분이 좋아졌고, 서로의 동기 부여가 되어서 다시 힘을 낼 수 있었습니다. 포기하지 않으면 언젠가는 이룰 수 있다는 말로 서로를 위로했는데, 그게 현실로 이루어져서 함께 했던 스터디 멤버 대부분이 여러 항공사의 승무원으로 입사하는 좋은 결과를 얻었습니다.

취업이나 이직을 준비하면서 즐거운 마음을 유지하는 게 쉽지 않겠지만 억지로라도 작은 행복을 만들어 가면서 나만의 페이스를 유지하는 것이 결국은 성공의 비결이 됩니다.

두 번째, 인생을 길게 보고 커리어를 발전시켜 나가야 합니다. 승무원 지망생들은 승무원이라는 꿈만 이루면 더 이상 소원이 없을 정도로 간절하고 인생의 가장 큰 꿈이라고 생각합니다. 물론 진심으로 원하던 승무원이 되어 평생 직업으로 여기며 만족하고 행복하게 지내는 사람들도 있어요. 하지만 승무원은 여러 요인에 의해서 길게 근무하지 못하는 경우가 있습니다. 체력이 떨어지거나, 다양한 사람을 만나고 여러 나라를 돌아다니는 이상적인 직업이라고 생각했는데 실제로 일해 보니 그렇지 않을 수도 있어요. 어렸을 적부터 꿈꿨던 일이라 항공 서비스과에 진학하고 승무원의 꿈을 이뤄서 다른 직업은 생각해 보지 않았던 사람들은 이런 상황이 되면 큰 혼란에 빠질 수 있습니다. 우리의 인생은 생각보다 길고 하고 싶은 일이 계속 달라질 수 있어요. 그러니 마음을 넓게 열어 두고 미래를 계획하는 것을 추천합니다.

커리어를 계획할 때 중요한 것은 방향성이에요. 이직을 원한다면 기존의 경험과 경력을 얼마나 잘 활용할 수 있는가, 그 경력을 새로운 일과 어떻게 결합해 발전시킬 것인가를 고민하고 결정해야 합니다. 저는 커리어의 일관성에 집중했습니다. 호텔, 항공사, 강사직 모두 다른 직장이지만 호텔에서의 서비스 경험과 배경 지식을 바탕으로 항공사 승무원 일을 하면서 남들보다 빨리 적응할 수 있었고 '서비스 전문가'라는 자신감을 가지고 일할 수 있었어요. 현재는 제가 그동안 경험하며 터득한 고객 응대 노하우와 면접 준비 과정을 학생들에게 교육하며 커리어를 발전시키고 있습니다. 앞으로 또 어떤 일을 하게 될지는 모르지만 꾸준함과 성실함을 잃지 않는다면 방향성을 잃지 않을 거라고 생각해요.

세 번째, 자신만의 전문적인 스킬을 계속해서 개발해야 합니다. 카타르에서 승무원으로 일할 때 회사에서 무급 휴직을 줬던 시기가 있었는데, 몇몇 승무원들은 그 기간 동안 평소에 자신이 꼭 하고 싶었던 일에 도전하고 자격증을 취득해서 회사로 복귀했습니다. 런던의 유명한 플라워 스쿨에 입학해서 플로리스트 자격증을 취득한 어떤 동료는 만약 승무원을 그만두게 되면 자격증을 이용해서 자신만의 아담한 꽃집을 오픈하고 싶다고 하더라고요. 인도로 요가 여행을 다녀온 승무원도 있었는데, 요가로 수양을 하고 자격증까지 갖추고 돌아와서는 비행을 더욱 즐겼습니다. 여러분도 원하는 회사에 취업하더라도 평생 가져갈 나만의 기술 하나쯤은 배워 보세요. 현재 반복되는 일이 힘들고 지치겠지만 다른 전문성을 가지는 것이 삶에 활력소가 되어 줄 거예요.

취업 준비생들은 보통 어학 공부, 봉사활동, 자격증 취득 등을 하며 스펙을 쌓습니다. 저는 여기에 특별한 자격증을 하나 더 갖추기를 추천합니다. 예를 들어 수화 통역이나 응급 처치 자격증이 있다면 서비스 분야에서는 아주 좋은 플러스 요인이 될 수 있어요. 다른 사람을 배려하는 마음을 가지고 있다는 인상을 주기 때문입니다.

마지막으로 삶을 긍정적인 자세로 바라보는 것이 중요합니다. 기업의 면접관들은 함께 일할 때 좋은 영향을 끼칠 사람을 채용하고 싶어 합니다. 말 한마디를 해도 남을 배려하는 말을 하고, 어떠한 상황에서도 침착함을 잃지 않고 자신을 다스릴 줄 아는 사람은 그 부드러운 단단함이 겉으로 드러납니다.

여러분이 꿈꾸는 미래를 그리면서 그 모습을 닮아 가기 위해 꾸준히 노력하고 내적으로도 따뜻한 사람이 되길 바라겠습니다.

김지은

당신의 색깔은 무엇인가요?

"우리가 하는 생각이 바로 우리 자신이다"

- 괴테

    살면서 누구나 도전적인 순간들에 직면합니다. 제게도 그런 순간들이 있었습니다. 10대부터 30대에 이르기까지 많은 여정이 떠오릅니다. 독자분들도 도전적인 순간에 직면하여 선택에 대한 고민과 갈등이 있거나, 승무원 또는 강사를 준비하면서 이 책을 보게 된 것은 아닐까 합니다. 저의 작지만 솔직한 이야기가 여러분에게 용기를 주는 희망적인 메시지가 되기를 바랍니다.

    20대의 가장 큰 고민은 직업 선택이나 진로 아닐까요? 저 또한 대학 생활을 하면서 진로에 대한 고민을 끊임없이 했습니다. 만약 여러분이 저처럼 장래를 고민하고 있다면 먼저 '나'에 대해서 알아가는 과정이 중요하다고 말해 주고 싶습니다. 그 과정에는 다양한 경험이 필요합니다. 저도 그런 과정들이 있었기에 승무원의 꿈을 키울 수 있었습니다.

승무원을 준비하며 많은 난관에 부딪치기도 했습니다. 한번은 사람들이 저에게 '승무원의 화려한 모습만 보고 준비하는 것은 아니냐'는 식의 질문을 했습니다. 그 순간 저는 제대로 된 답을 하지 못했습니다. 그 사람들 말처럼 승무원의 이면은 잘 알지 못한 채 단면만 보고 선택한 것은 아닐까라는 의심이 들었기 때문입니다. 그때를 계기로 승무원의 역할을 제대로 공부하기 위해 스터디를 병행하며 학원을 다녔습니다. 하지만 무엇보다 가장 큰 도움을 받았던 것은 '현직자의 이야기'였습니다.

한 설명회에서 현직에 계신 승무원의 이야기를 직접 들은 적이 있습니다. 그 강의 내용 중에서 가장 기억에 남는 건 비행기 사고로 생명의 위협을 느꼈던 동기의 에피소드였습니다. 강사분은 얘기를 전달하던 중 당시 느꼈던 감정이 떠올랐는지 눈물을 글썽였습니다. 이 강의를 듣고서 많은 생각이 스쳐 지나갔습니다. 승무원이라는 직업의 양면성을 객관적으로 바라볼 수 있게 된 것입니다. 그 이후로 제 준비 과정도 달라졌습니다. 위급 상황 시 승무원의 역할과 책임을 느끼게 되어 안전교육 공부와 체력 관리를 소홀히 하지 않았습니다.

강사로 이직을 준비할 때도 현직자의 이야기가 가장 큰 도움이 되었습니다. 당시 현직자의 조언을 통해 교육 과정에서 일어나는 소통의 가치를 알았고, 이는 지금까지도 제가 강사로서 올바른 방향으로 나아갈 수 있게 해 준 값진 조언이 되었습니다.

제가 책을 쓰게 된 것도 나의 이야기가 누군가에게 큰 조언이 될 수 있다는 생각에서 비롯되었습니다. 그래서 승무원이나 강사가 되길 희망하는 분들에게 도움이 되도록 진술하고 다채로운 경험을 책 속에 녹여 내려고 노력했습니다. 이 책이 저와 비슷한 고민과 걱정을 하는 누군가에게 조언이 되고 희망이 되었으면 좋겠습니다.

꿈을 키우는 독자분들에게 꼭 전해 주고 싶은 이야기가 있습니다. 남들과 다른 자신만의 차별화된 색깔을 만드세요. 나이, 외모, 성장 배경 등의 부수적인 조건들에 매몰되어 자신에게 집중하지 못하는 사람들을 종종 보았습니다. 모든 사람은 자신만의 고유한 색깔을 가지고 있습니다. 나만의 차별화된 색깔을 찾기 위해서 스스로가 어떤 성향, 가치관, 경험 등이 있는지 적어 보는 것도 좋은 방법입니다. 더 나아가 나의 강점을 어떻게 성장시킬 것인지 고민해 보고 노력하는 것도 중요합니다.

승무원은 다양한 사람들에게 서비스를 제공하는 직업입니다. 그래서 따뜻하고 호감 가는 사람이 되기 위해 평소에도 내면에서 우러나오는 미소, 표정, 말씨 등을 꾸준히 연습했습니다. 이러한 노력을 통해 만든 좋은 습관들이 제 삶에 긍정적인 변화를 가져다 주었고, 면접에서도 저의 진정성을 잘 전달할 수 있었습니다.

강사로 이직을 준비할 때는 폭넓은 서비스 경험에서 얻은 CS 역량을 특화하고 관련 자격증을 취득하면서 전문성을 키워 나갔습니다. 그렇게 제2의 꿈에 대한 계획을 하나씩 세우고 실천한 결과, 첫 면접의 기회를 놓치지 않고 강사로서 새로운 삶을 시작할 수 있었습니다.

저의 가치는 타인과의 관계 속에서 가장 빛난다는 것을 알았습니다. 승무원일 때는 승객들의 여정에 즐거움을 드린다는 사실에 보람을 느꼈고, 강사로서의 삶을 시작한 이후에는 많은 사람에게 동기부여와 긍정적인 변화를 선사할 수 있어 기쁩니다.

앞으로는 다년간의 외국항공사 서비스 경험과 CS강사 경력을 바탕으로 '글로벌 CS·퍼스널 브랜딩 전문가'라는 비전을 꿈꾸며 또 다른 저만의 색깔을 만들어 가고자 합니다. 이처럼 나만의 특별한 가치를 꾸준히 성장시킨다면, '여러분만의 색깔'을 만들 수 있습니다.

때론 꿈을 향해 나아가는 과정에서 불확실한 미래에 대한 고민 혹은 냉정한 현실을 마주하기도 합니다. 그때마다 저는 추상적인 꿈을 구체적인 목표로 명확하게 만들어 극복해 나갔습니다.

내가 할 수 있는 가장 '작은 것'부터 시작해 보세요! 이 작은 실천 하나하나가 쌓이게 되면 자신감을 얻을 수 있습니다. 그리고 그 과정을 즐기다 보면 어느새 꿈을 이룰 수 있을 거예요.

새로운 도전과 꿈을 향해 나아가는 모든 독자님에게, 이 책이 희망과 용기의 발걸음이 될 수 있기를 소망합니다.

조민지

소중한 하루들이 모여 미래가 된다

"세상에 무엇이 필요한지 묻지 마라.
당신 자신을 살아 있게 만드는 행복한 일이 무엇인지 물어보라.
그리고 그 일을 하라."

- 하워드 서먼Haward Thurman

이 책을 쓰는 것은 제가 오랜 시간 생각해 왔던 일이에요. 제 강사 양성 과정의 수강생으로 처음 만난 민지 강사와 지은 강사는 모든 과정을 세심히 따라와 주었고, 눈빛에는 무언가를 이루겠다는 열정이 가득했습니다. 강의를 마친 날 저녁, 우리 셋은 뭔가 공통점이 있을 것 같다는 직감에 두 사람에게 이 강의를 수강하게 된 이유를 물었고 '혹시'가 '역시'가 되었죠. 항공사에서 일했던 사람들, 열정을 가지고 앞으로 나아가는 사람들. 저는 이 사람들과 함께 지금까지 없었던 책을 써 보면 좋겠다는 생각으로 구성과 내용을 기획하고 용기 내어 그녀들에게 연락했습니다. "우리 같이 책 써 볼래요?"

돌아보면 고속터미널 근처의 한 카페에 모여 앉아 책에 대한 이런저런 아이디어를 쏟아 낼 때가 가장 즐거웠어요. 누가 출판을

해 주겠다 약속한 것도 아닌데 일단 글부터 써 보자고 으쌰으쌰 서로를 응원하던 시간……. 2019년 늦여름에서 가을로 넘어가던 즈음 글을 쓰기 시작해 이제야 이 책을 마무리하게 되었네요. 이 긴 여정을 끝맺음하려니 속이 시원하기도, 섭섭하기도 합니다.

마지막으로 이 책을 읽는 여러분에게 하고 싶은 말을 적으려는데 '나는 도대체 무슨 이유로 이 책을 쓰자고 제안했으며 왜 이 책을 완성하려고 노력했고 책을 통해 어떤 이야기를 하고 싶은 걸까?' 하는 여러 생각이 듭니다.

매일 어떤 목표를 향해 쉼 없이 달려가는 엄청난 행동가의 기질을 가진 제가 이런 이야기를 하면 조금 웃길 것 같지만, 사실 행복하려고 이 책을 쓴 것 같아요. 저는 어떤 것을 해내며 얻는 성취, 타인의 인정, 꿈꾸는 미래를 현실화하며 행복을 느끼거든요.

모든 사람은 저마다 다른 환경을 경험하고 각자의 생각으로 주어진 상황을 해석합니다. 찰나의 순간이라도 의미 없는 것은 없고 아주 작은 조각들이 모여서 남과 다른 내가 되어 가죠. 그래서 세상에 존재하는 모든 사람은 각자만의 방법으로 행복을 추구합니다.

다른 사람이 아니라 '나'의 진정한 행복을 원한다면 우선 본인에게 관심을 가져야 해요. 기본적으로 나는 무엇을 좋아하는지, 어떤 일을 즐거워하는지, 또 나는 어떤 사람인지 생각해 보면 의외로 바로 답을 떠올리지 못하는 사람이 많아요. 그렇다면 그동안 나는 타인이 바라보는 나의 이미지를 과도하게 신경 쓰지는 않았는지, 타인의 행복한 모습을 보면서 그것을 쫓아가기에 급급했던 건 아니었는지 되돌아보는 것이 좋습니다. 우리 모두는 '나'에 대한 공부가 필요해요. 여러분이 당장 시간을 마련해서 내면의 소리에 귀 기울이며 진짜 '나'를 알아 가는 시간을 꼭 가졌으면 합니다. 기억이 닿는 어린 시절의 나부터 천천히 되돌아보세요. 만약 단순한 복기가 힘들다면 다양한 매체나 검증된 성격유형 진단 등을 통해서 객관적이고 매끄러운 언어로 표현된 나를 만날 수 있습니다.

투자할 만한 가치가 있는 그 시간을 통해 자신을 제대로 알게 되면 이제 행복해지기 위해 실천하는 것을 멈추지 마세요. 그 실천이란 내가 좋아하는 취미나 활동, 남들은 쉬이 하지 않는 일이지만 나에게는 특별한 일, 내가 꿈꾸는 미래를 완성하기 위해 하는 노력 등을 말합니다.

타인이 지금의 나를 게으르거나 아무것도 하지 않는 것처럼 생각해도 그것이 지금 나에게 꼭 필요하고 의미 있는 것이라면 그렇게 하는 것이 옳아요. 연간, 월간, 주간, 일간 계획과 실천이 가득한 시간을 보내는 저도 가끔 텅 빈 여유가 필요할 때가 있어요. 온 집안에 불도 켜지 않은 채 밥도 안 먹고 시즌제 드라마를 몰아 보거나 좋아하는 영화 시리즈를 보며 시간을 보내죠. 저와 비슷한 유형의 사람들을 만나 보면 번아웃이 오거나 스트레스를 받을 때 종종 그런다며 서로를 이해합니다. 아마 다른 유형의 사람들은 이해 못 할 수도 있어요.

승무원이라는 꿈을 이루기 위해 부단히도 애쓰던 대학생의 나, 항공사 입사 후 직업에 대해 수많은 생각을 하면서 하루에도 수백 번씩 흔들리는 마음을 다잡던 나, 매 순간을 가치 있게 보내기 위해서 많은 활동에 의미를 부여하던 나, 퇴사 후 '코치'라는 직업으로 다양한 사람을 만나고 여러 기관과 장소에서 강의하는 나, 30대를 맞이하며 매일 새로운 도전을 하는 나. 이 모든 모습은 결국 제가 꿈꾸는 미래를 위해, 지금보다 더 행복해지기 위해 하는 노력이라는 것을 깨달았습니다. 이런 제 모습이 상대방에게는 어떻게 보일지 모르겠지만요.

저는 스탠포드 대학교 교수 존 크럼볼츠John D. Krumboltz가 말한 '계획된 우연Plannde happenstance'을 진로나 취업 강의 그리고 경력 단절 여성을 대상으로 하는 강의에서 자주 이야기합니다. 호기심, 인내심, 낙관적 태도, 위험 감수, 융통성 등으로 이루어진 이 이론을 한마디로 이야기하면 우리가 살면서 경험한 다양한 일들이 나의 미래를 만들어 우연히 성공하거나 꿈을 이루게 될 확률이 80퍼센트에 해당한다는 것이죠. 여기에 조금 더 행복해지기 위한 개인의 노력이 더해진다면 지금은 예측할 수 없는 미래일지라도 분명히 긍정적 방향으로 나아갈 거예요.

우리 인생에서 가장 중요한 것은 '나'입니다. 내가 하고 싶은 일, 잘하는 일을 찾고 또 내가 원하는 모습이 되기 위해 최선을 다하는 과정에서 좋은 결과를 맺지 못해도 괜찮아요. 그 과정에서 얻은 깨달음이 다음 걸음의 자양분이 되고 앞으로 나아가는 디딤돌이 되어 줄 거예요. 그 모든 중심에 있어야 하는 것은 언제나 '나'임을 잊지 마세요.

김샛별

차례

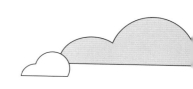

예비 승무원의
마인드셋

승무원을
준비하는 마인드셋

29살에 다시 갖은 승무원의 꿈

  제가 처음 승무원을 꿈꾼 건 고등학교 때입니다. 그 당시 TV 광고에 나온 한 국내 항공사 모델에게 좋은 인상을 받았고, 승무원은 세계를 자유롭게 돌아다닐 수 있는 매력적인 직업이라고 생각했거든요. 그래서 항공과로 대학을 진학했습니다. 하지만 항공과를 졸업하면 미래의 커리어맵을 길게 이어 갈 때 한계가 있다고 생각해 관광학과로 편입을 했습니다.

  대학교를 졸업한 후엔 호텔 식음료팀에서 인턴십을 하고, 호주로 어학연수를 다녀온 뒤 다시 호텔 객실팀에서 근무를 했습니다. 그 호텔에는 유나이티드항공 승무원들이 투숙을 했는데 항상 활기찬 모습으로 미소 지으며 호텔 직원들과 대화하고, 비행 후 운동을 하며 자기 관리하는 모습에 항공사 승무원의 매력을 다시 한 번 느끼게 되었습니다. 그 계기로 승무원에 다시 도전해 보고 싶다는 생각을 하게 되었어요. 그러나 당시 29살이었던 저는 국내 항공사에 지원하기에 나이가 많다고 생각했습니다. 그래서 비교적 나이 제한이 덜한 외국 항공사를 알아보았어요. 마침 그때 카타르항공이 한국인을 활발하게 채용하고 있어서 전직 카타르항공 승무원에게 회사에 대한 정보를 물어보았습니다. 카타르항공은 세금을 제하지 않는 월급, 연 30일 이상의 휴가, 수평적인 기업 문화, 타 항공사 대비 빠른 승진, 좋은 시설의 숙소 제공 등 상상 이상의 직원 복지를 제공한다고 했습니다. 이 모든 혜택이 마음에 들었지만 무엇보다 다양한 국적의 승무원들과 함께 일한다는 것이 좋은 기회이자 최고의 장점이라고 생각했어요.

당시 두바이의 에미레이트항공에 재직하고 있던 친한 친구에게 중동 항공사의 좋은 근무환경과 복지에 대해 들은 적이 있었는데, 카타르항공 또한 막대한 자본력과 국가적 차원의 지원으로 빠르게 성장 중이며 '중동 3사'로 불리는 에미레이트항공, 카타르항공, 에티하드항공의 복지와 급여 수준이 거의 비슷하다는 것을 알게 되었습니다.

호텔에서 근무하면서 좋은 사람들도 많이 만나고 일도 잘 적응해 즐거운 날들을 보내고 있었지만, 고등학생 시절부터 품고 있었던 승무원의 꿈을 이루기 위해 적지 않은 나이에 외국 항공사 면접을 준비하게 되었습니다.

외항사 승무원에 도전하다

승무원을 꿈꾸게 된 이야기를 하면 먼저 저의 어린 시절을 떠올리게 돼요. 저는 외국어에 관심이 많은 아이였어요. 중학교 때부터 외국인 친구들과 소통하는 것을 즐겼고, 서로 다른 문화를 교류하는 프로그램이 있으면 적극적으로 지원했습니다. 이런 경험이 자연스레 대학교 진학에도 영향을 미쳐 중국통상학을 전공하게 되었습니다. 대학교 4학년 때는 교환 학생으로 중국에 가기도 했지요.

교환 학생으로 중국에서 지냈던 나날은 정말 행복했어요. 아마도 20대가 되고 나서 새로운 경험을 하고 그것을 통해 다양한 감정을 느꼈기 때문일 거예요. 저는 다양한 국적의 친구들과 교류하는 매력에 푹 빠졌고, 문화가 다르더라도 함께 공감할 수 있는, '공통된 감정'을 알아 가는 즐거움을 발견했습니다.

한국에 돌아와 본격적으로 진로 고민을 하면서 교환 학생 경험을 살려 외국계 기업에서 일하고 싶다는 생각을 하게 되었어요. 그렇게 좋은 회사를 알아보다 중국 항공사에 관심을 가지게 되었습니다. 제가 처음 중국에 갈 때 이용했던 항공사가 중국남방항공이었는데, 훗날 그곳에서 근무하게 된 걸 보면 그때부터 인연이었던 게 아닐까, 하는 생각도 듭니다.

중국남방항공에 지원하기 위해 프로필 사진을 찍으러 갔을 때 "중국남방항공은 채용 공고가 자주 나지 않는다고 알고 있는데, 정말 좋은 기회네요!"라는 사진사의 말에 설레는 마음으로 취업 준비를 했던 기억이 지금도 새록새록 떠오르네요. 좋은 기회를 놓치고 싶지 않아 더욱 열심히 준비했던 것 같아요.

어느 순간 찾아온 외항사 승무원이라는 꿈. 그 꿈을 향해 한 발 더 내딛게 되는 순간이었습니다.

어릴 때부터 키워 온 승무원의 꿈

"왜 승무원이 되고 싶었어요?"라는 질문에 쉬이 대답하기 어려울 정도로 승무원은 저에게 6살 때부터 단 한 번도 변하지 않은 유일한 꿈이었습니다.

제가 유치원생이던 1994년 MBC 드라마 〈짝〉에서 승무원으로 나온 여자 주인공을 우연히 보았습니다. 아무것도 모르는 어린 시절이었지만 예쁘게 차려입은 유니폼을 참 좋아했습니다. 드라마를 같이 보던 엄마에게 승무원이 어떤 직업인지 설명을 들으며 꿈을 그렸습니다. 그로부터 얼마 지나지 않아 부모님과 함께 탑승한 국내선 비행기에서 일사불란하게 움직이는 승무원의 모습을 본 이후로 다시 한번 마음을 빼앗겼습니다.

유치원부터 고등학교까지, 모든 시절의 장래희망 칸에는 변함 없이 '항공사 승무원'을 적었습니다. 다양한 나라의 자연과 문화 등을 여행하듯 경험해 보고 싶다거나 한국을 찾는 많은 외국인에게 친절한 인상을 남기고 싶다는 등의 거창한 뜻은 없었지만, 정말 어렸을 때부터 꿈꾸어 왔고 저의 모든 성장 과정에 승무원이라는 꿈이 문신처럼 새겨져 있었기 때문에 승무원에 도전하는 것은 당연한 일이라 생각했습니다.

승무원이 되는 데 외국어 실력이 도움이 될 것 같아 외국 드라마를 즐겨 봤고, 특히 중학교 때부터 중국 드라마를 시청하며 대학교를 졸업할 때까지 중국어를 익히는 일도 게을리하지 않았습니다. 또한 고객과 만나 직접적인 서비스를 하는 대외 활동이나 아르바이트를 하며 다양한 경험을 쌓았습니다.

23년 인생을 통틀어 승무원이라는 오직 하나의 꿈을 향해 걷다 보니 그 꿈을 이룰 수 있었습니다. Dreams come true!

항공사 면접
준비 과정

같은 꿈을 가진 사람들과 함께 하는 스터디의 힘

한국인을 채용하는 유럽 항공사, 동남아시아 항공사, 중동 항공사들은 기본적으로 영어로 면접을 진행합니다. 저는 외국 항공사 승무원 면접 준비를 위해 먼저 영어 스터디를 시작했어요. 호텔에서 근무하는 동안 영어에 대한 감을 잃지 않기 위해 꾸준히 영어 회화 학원을 다녔고, 일본어와 중국어 공부도 했기 때문에 일을 하면서 승무원 준비도 병행할 수 있다고 생각했어요. 그런데 스케줄 근무를 하면서 영어 스터디를 하고 면접 날짜를 맞추는 것이 쉽지 않았어요. 그래서 과감하게 사직서를 내고 본격적으로 면접 준비에 돌입했습니다.

퇴사 후 승무원 취준생으로서 소속감을 느끼기 위해 외국 항공사 취업을 전문으로 하는 승무원 학원에 등록했는데, 수업의 질도 그다지 높지 않았고 무언가 부족한 느낌이 들었어요. 그래서 기존에 하던 영어 스터디와 함께 항공사 면접 스터디를 따로 시작했습니다. 확실히 마음이 맞는 사람들과 함께 스터디를 하니 많은 도움이 됐어요. 면접 준비에 지칠 때마다 서로에게 힘을 주고 같은 꿈을 가지고 노력한 덕분에 오랫동안 스터디를 같이 했던 친구들 대부분은 카타르항공, ANA항공, 필리핀항공, 에어아시아항공 등 원하는 곳에 입사하는 좋은 결과를 얻을 수 있었습니다.

호텔을 그만두고 항공사에 합격하기까지 6개월 정도 걸렸는데 불안에 흔들리고 지칠 때마다 가장 큰 힘을 준 건 함께 면접을 준비하던 스터디 친구들이었습니다. 서로의 마음을 가장 잘 이해하는 사람들이기에 큰 힘이 되었어요.

외국 항공사는 우리가 흔히 생각하는 토익TOEIC 같은 공인 영어 점수보다 회화 능력과 실전 경험을 중요시하기 때문에 저는 따로 영어 공인 시험을 보지 않고, 영어 면접 연습에 더 집중했어요. 원어민 수준은 아니지만 영어로 내 생각을 잘 표현할 수 있고 편안하게 의사소통하며 위급 상황을 침착하게 해결할 수 있는 실력이라는 것을 어필하기 위해 자연스럽게 영어로 대화를 이끌어 나가는 연습을 많이 했습니다.

중동 항공사는 선호하는 승무원 이미지가 따로 없어요. 제일 중요한 건 자신에게 잘 어울리는 이미지 메이킹입니다. 스모키 화장도 본인에게 어울리면 해도 좋아요. 함께 일했던 항공사 동료들을 떠올려 봐도 외형적으로 공통점은 없었어요. 딱 한 가지 그나마 비슷한 점을 꼽자면 '피부가 좋다'는 것입니다. 카타르항공은 피부를 많이 보는 것 같아요. 사람의 피부는 건강 상태를 보여 주는 증표기도 하고, 건조한 중동 지역에 살면서 비행을 하면 피부가 나빠질 수 있어서 처음부터 피부가 좋은 사람을 선호하는 것 같아요.

꾸준한 스터디와 모니터링으로
단기간에 승무원 합격

예전에는 지금처럼 승무원 과외가 많지 않은 대신 학원이 있었어요. 우선 저는 개인에게 집중하는 시간을 갖고 싶어 항공사 입시 정보를 직접 발로 뛰며 알아보았어요. 그러던 중 우연히 승무원 입시설명회에서 만난 옆자리 친구와 스터디 모임을 만들게 되었습니다. 저희는 스터디룸을 빌려 일주일에 세 번을 만나며 열심히 준비했어요. 한편으론 스터디가 흐지부지되진 않을까 걱정도 했었죠. 그래서 서로에게 동기 부여가 되면서 열심히 할 수 있게 지각, 결석비도 걸었어요.

스터디는 승무원 면접을 준비하는 데 정말 많은 도움이 되었습니다. 가장 좋았던 스터디 방법은 각자 예상 면접 질문들을 준비해 와서, 실제 면접처럼 영상을 찍어 '모니터링'한 것이었어요. 모니터링을 통해 몰랐던 나의 버릇이나 습관들을 고칠 수 있었고 비언어적인 부분들도 많이 개선할 수 있었습니다.

스터디를 할 때는 '꾸준함'이 중요해요. 저는 최종 면접 전날까지도 스터디를 했고, 끝까지 함께 했던 친구와 동반 입사했습니다.

외국 항공사는 외국어를 많이 사용하기 때문에 토익 같은 공인점수를 떠나 실무적인 회화 능력을 가장 중요시합니다. 제가 입사했을 당시 중국남방항공은 HSK(중국어 능력 검정 시험) 4급 이상 또는 토익 600점 이상이라는 기준이 있었지만 무엇보다 자신의 생각을 표현하는 의사소통 능력이 중요했어요. 그래서 면접 준비를 할때 자연스러운 의사소통 및 회화 능력을 키우기 위해 가장 많이 노력했습니다.

중국 항공사마다 원하는 승무원의 이미지 기준은 조금씩 다른 것 같아요. 중국동방항공은 당시 '민낯 면접'을 볼 정도로 피부를 중요하게 보았어요. 중국남방항공은 유니폼이 빨간색인데 그래서인지 또렷한 메이크업을 더 선호하는 것 같아요. 예를 들면 볼터치, 립스틱을 선명하게 연출해 생기 있어 보이게 하는 것이 매뉴얼입니다. 그래서 중국 항공사 면접에는 자신에게 어울리는 메이크업을 하되, 생기를 조금 더 강조하는 것이 좋습니다.

외국 항공사는 자신의 개성이나 매력을 어필하는 지원자를 선호합니다. 그래서 면접 의상도 무조건 검은색이 아닌 자신에게 어울리는 다양한 색상의 의상을 입는 지원자들이 많아요. 저도 에어마카오 면접 당시 빨간 치마를 입었어요.

저는 승무원 합격까지 약 3개월 정도 걸렸어요. 생각보다 빨리 합격하게 되어 기뻤지만, 그만큼 마음고생도 많았습니다. 모든 승무원 준비생 또한 같은 마음일 것이라 생각해요. 하지만 중도에 포기하지 않고 꾸준하게 준비한다면 목표로 하는 꿈을 향해 더 가까이 다가갈 수 있을 거예요!

누구보다 치열하게 했던 스터디와 자기 관리

제가 승무원 면접을 본격적으로 준비했던 2009~2010년에는 지방에 지금처럼 승무원 면접 학원이나 면접 과외가 많지 않았어요. 그래서 서울에 있는 승무원 학원을 등록하고 약 5개월 동안 매주 토요일마다 기차를 타고 학원에 다녔습니다. 그런데 대형 학원의 수업은 개인에게 집중되는 시간이 적었고, 제게 큰 도움이 되지 않는다고 판단해 정말 열심히 함께 준비할 수 있는 분들과 스터디 그룹을 만들었습니다. 약 2년 동안 스터디 그룹을 직접 운영하면서 저의 대한항공 입사를 시작으로 아시아나항공, 싱가폴항공, 카타르항공까지 정말 많은 합격자를 배출했어요.

스터디 그룹에서는 역대 면접 기출문제를 분석하고 정리해 나만의 이야기가 있는 면접 답안을 만들었고, 매주 경제, 사회, 문화, 해외, 항공사 기사를 정리해 공부했습니다. 또 모의 면접을 진행하고 그 영상을 녹화해 서로 꼼꼼히 피드백해 주었고, 다른 스터디 그룹과 만나 익숙하지 않은 사람들 앞에서 웃고 말하는 과정을 꾸준히 반복했습니다. 승무원이라는 간절한 꿈을 이루기 위해 만든 스터디 그룹이 친목 모임으로 변질되지 않도록 분위기에 신경 쓰고 늘 긴장하며 운영했는데, 덕분에 개개인의 실력 발전에 큰 도움이 되었습니다.

제 대학 전공은 화학과로, 적성에 맞지 않았지만 취업을 위해 학점 관리도 열심히 했고 토익과 토익 스피킹TOEIC Speaking, HSK 등의 공인 어학 시험에 자주 응시해 좋은 점수를 유지하려고 노력했습니다. 스펙을 쌓는 것 이외에 깨끗하고 세련된 이미지를 연출하기 위해 피부나 체력을 관리하는 사소한 것부터 면접 답안을 효과적으로 전달하기, 깔끔한 인상을 남기는 시선 처리, 발음과 발성, 스피치 연습까지 정말 하나도 빠짐없이 준비했습니다.

약 2년간 여러 번 면접을 보고 탈락의 고배를 마셨어요. 마지막 면접을 앞두고는 난생처음 다이어트에 돌입해 키 171센티미터에 49킬로그램까지 살을 뺐습니다. 다이어트가 합격에 큰 영향을 미쳤다고는 생각하지 않지만, 다시는 그렇게 하지 못할 만큼 몸도 정신도 완벽하게 무장해 도전했습니다.

저는 대학교 3학년 때부터 취업 준비를 시작해서 다행히 졸업 전에 승무원이 되었습니다. 만약 준비 과정이 더 길어졌다면 정말 힘들었을 거예요.

합격을 부르는
면접의 기술

탑클래스마인드셋

마인드 컨트롤이 중요한 서바이벌 면접

카타르항공의 승무원 면접은 쉽게 말하면 '서바이벌 형식'이에 요. 처음 서류 면접을 통과하면 그다음부터는 면접이 단계별로 진 행되고, 떨어지는 사람은 바로 짐을 싸야 하는 냉정하고도 슬픈 과정이죠.

제가 면접을 봤을 때는 면접관들에게 직접 이력서를 제출하는 'CVCurriculum vitae(이력서) Drop'이라는 단계를 통과해야 했습니다. 합격자들은 다음 날 회사 관련 동영상을 보면서 갖는 질의응답 시 간, 암 리치Arm reach(까치발을 하고 손을 뻗어 닿는 거리. 객실 업무에 필 요한 승무원의 신체 조건으로, 항공사마다 상이하나 208~220센티미터의 암 리치가 요구된다) 검사, 팔다리 상처 유무 체크, 영어 필기 시험 등을 진행합니다. 여기서 불합격한 사람들은 집으로 돌아갔습니다. 합 격자들은 면접관들이 주는 주제로 토론 면접을 하고, 한 명씩 돌아가면서 요점 정리를 하면 면접관들이 평가를 합니다. 이 과정을 통과하면 다음 날 최종 면접에 응시할 수 있었어요.

최종 면접은 2대 1 면접으로 20분 정도 진행됐었는데 가장 기억에 남는 질문을 하나 받았어요. 호텔에서 일했을 때 주로 어떤 국적의 고객들을 만났었는지, 문화 차이 때문에 힘든 건 없었는지에 대한 질문이었습니다. 제가 만났던 인도인 고객의 제스처로 인해 생긴 에피소드를 다소 솔직한 표현과 제스처를 취하며 얘기했는데 면접관 두 분이 웃음이 터지셔서 좋은 분위기로 면접을 마무리할 수 있었어요. 운이 좋았던 거죠. 최종 면접을 마무리하면서 면접관이 '도하는 치과 치료비가 비싸니 한국에서 미리 치료를 받고, 치아 화이트닝도 하고 오라'는 합격의 뉘앙스가 담긴 말을 해 줘서 정말 기뻤어요.

중동 항공사들의 면접 유형이 조금씩 계속 바뀌는데 요즘에는 토론 면접 대신 주제를 하나 뽑아서 1분 동안 발표하는 퍼블릭 스피치Public speech를 하더라고요. 긴장된 상황에서도 떨지 않고 말하는 자세와 영어 실력, 순발력을 중점적으로 보는 것 같습니다.

저는 최종 면접에서 한 번 불합격하고 재도전한 끝에 합격했어요. 당시에는 힘들었지만 이 경험 덕분에 승무원 준비생들에게 현실적인 조언과 힘든 상황에서 마인드컨트롤하는 방법을 잘 알려주게 되었습니다.

소신 있는 생각으로 압박 면접 극복!

제가 중국남방항공에 지원했을 때는 경쟁률이 굉장했어요. 또 3년 만에 채용 공고가 난 것이라 더 화제가 되었고요. 중국 항공사 승무원을 준비하던 친구들에게는 정말 희소식이었죠. 당시 약 7,000명이 지원해서 35명이 최종 합격해 200대 1의 경쟁률을 자랑했습니다.

중국남방항공 면접은 총 세 번 진행이 되었습니다. 1차 면접은 현직 객실승무원과 인사과 직원이 면접관으로 들어와서 지원자의 전체적인 이미지를 평가하고 중국어, 영어 자기소개와 관련된 질문을 하는 면접이었어요. 2차 면접은 인사과 면접관 2명과 중국남방항공 한국지사 임원 한 명이 면접관으로 들어와 개인별 질문을 했어요. 추가로 저는 승무원이 갖춰야 할 자질에 대해서 중국어로 하는 질문에 중국어로 대답하는 심층 면접도 보았습니다. 3차 면접은 최종 임원 면접으로 중국남방항공 본사의 중국인 임원 7명과 의사 한 명이 면접관으로 들어와서 공통 질문과 개인별 질문을 했는데 대체로 면접관이 영어로 질문하면 영어로 대답하고, 중국어로 질문하면 중국어로 대답하는 방식이었어요. 마지막에는 의사가 면접자들의 손과 혈색을 간단히 체크했던 게 기억이 남네요. 1, 2차 면접은 한국어로 질문하는 경우도 있었지만 최종 면접에서는 영어, 중국어 위주의 심층 질문이 대부분이었습니다. 그래서 최종 면접을 앞두고서는 주로 의사소통을 점검했어요.

승무원 면접에서 가장 기억에 남는 질문이라면 저에겐 롤플레이Role play 질문이 아닐까 해요. 롤플레이는 다양한 기내 상황에서 어떻게 대처할지에 대한 판단력과 태도를 볼 수 있는 항목이기 때문에 면접에서 큰 비중을 차지하는 부분이기도 하죠.

저는 면접관에게 "출근길에 길가에 쓰러진 임산부를 보게 되었는데, 바로 비행하러 가야 되는 촉박한 상황이라면 어떻게 할 건가요?"라는 질문을 받았어요. 지금 떠올려 봐도 그런 갑작스런 질문에 어떻게 답해야 할지 정말 긴장했던 순간이었죠. 하지만 침착하게 "길가에 쓰러져 위급한 상황에 놓인 임산부를 그냥 지나칠 수는 없을 것 같습니다. 119에 연락을 취하고 처리되는 즉시 비행을 하러 가겠습니다"라고 대답했어요.

그런데 돌아온 면접관의 답변은 싸늘했습니다. "그럼 300명 고객의 비행 안전은 책임지지 않겠다는 얘기네요." 압박 질문으로 이어지게 된 거죠. 저는 많이 당황했지만 "단 한 사람의 안전도 제대로 책임지지 못한다면 300명의 안전도 지킬 수 없을 것 같습니다!"라며 오히려 당차게 말했습니다. 겉으로는 아무렇지 않은 척했지만 속으로는 얼마나 떨렸던지!

면접 과정을 돌이켜 보면 면접관이 던지는 질문에 곧바로 자신의 '소신 있는 생각'을 전달하는 게 무엇보다 중요하다는 것을 깨닫게 됩니다. 예상 질문을 미리 공부해서 답변을 준비하는 것도 좋지만, 실전에서 예상치 못한 질문을 받는 경우가 훨씬 많아요. 롤플레이 질문을 받았을 때는 가장 먼저 고객과 회사의 입장이 절충되는 바람직한 대처 방법을 생각해 보고, 더 나아가 자신만의 재치와 센스를 발휘해 소신 있는 대답을 한다면 분명 좋은 결과를 얻을 수 있을 거예요.

여러 번의 고배에도 포기하지 않는 끈기

대한항공의 입사 경쟁률은 늘 굉장합니다. 제가 입사했을 때도 2만여 명이 지원해서 100명이 최종 합격해 200대 1의 경쟁률이었습니다. 지금 생각해 봐도 엄청나네요. 제가 늘 꿈꿔 왔던 대한항공 입사는 쉽지 않았습니다. 무려 다섯 번의 지원 끝에 입사할 수 있었죠. 네 번의 고배를 마신 후 최종 합격한 다섯 번째 면접은 면접 진행 도중 갑자기 절차가 달라지기도 했어요. 이런 일은 창사 이래 처음 있는 일이었다고 해요. 그때 바뀐 면접 절차는 현재까지도 이어지고 있다고 합니다.

대한항공의 면접은 총 3차로 진행됩니다. 실무 면접인 1차 면접에는 현직 객실승무원과 인사과 직원이 면접관으로 들어와서 지원자의 전체적인 이미지를 점검합니다. 2차 면접에는 상무, 전무급 임원이 면접관으로 들어오고 이력서에 기재된 것을 바탕으로 개별 질문을 합니다. 이때 지원자는 유니폼을 입은 상태로 면접을 봅니다. 순서가 조금씩 변경되긴 하지만, 2차 면접은 작은 공간에 지원자가 한 명씩 들어가서 영어 면접을 보고 기내방송문도 짧게 읽습니다. 네 번째 면접까지는 이 과정이 끝이었는데, 당시 2차 면접 합격자 발표날에 확인 창을 열었더니 갑자기 3차 최종 면접을 진행한다는 공지를 보게 되었어요.

어쩌지? 면접은 다 끝난 줄 알았고 난 벌써 살도 올랐는데……. 부랴부랴 일주일간 준비해서 3차 면접 장소에 도착해 보니 사장님이 직접 들어오시는 면접이었습니다. 압박 면접처럼 까다로운 질문들을 받았고 수영 테스트, 체력 테스트, 인적성 시험을 보고 최종 결과를 기다렸어요.

많은 면접을 보며 다양한 질문을 받았지만 마지막 다섯 번째 임원 면접에서 "면접 결과 때문에 울어 본 적이 있나요?"라는 질문을 받았던 게 가장 기억에 남습니다. '내 인생에서 정말 마지막으로 보는 면접이다'라고 생각했던 면접이라 허심탄회하게 준비해 갔던 답변을 하는데 부모님 얘기를 하니 자꾸만 목이 메어 왔어요. 면접관 한 명이 속상했을 제 부모님의 마음에 공감하는 듯한 눈빛으로 말을 했어요. 어쩐지 제 진심이 통한 것 같다는 생각이 들었습니다.

이렇게 저는 대한항공에 합격했습니다. 이곳에 입사하기 위해 그동안 준비했던 다섯 번의 면접은 지금까지 제가 했던 어떠한 노력보다도 값진 것입니다.

면접 과정

카타르항공

- **자격**
  - 고등학교 졸업 이상, 암 리치 212센티미터 이상, 교정시력 1.0 이상, 유창한 영어 실력
- **과정**
  - 서류 전형
  - CV drop: 면접관에게 직접 이력서 제출
  - 서바이벌 형식의 면접: 영어 시험, 퍼블릭 스피치, 토론 면접 등 면접관의 재량에 따라 추가되거나 생략하기도 함
  - 파이널 면접
  - * 어세스먼트 데이Assessment day: 인터넷 접수를 통해 초대장Invitation을 받는 지원자들에게 면접 기회 부여(초대장을 받은 지원자에 한해서 CV drop부터 시작)
  - * 오픈 데이Open day: 면접 날짜와 장소, 시간이 공지되면 누구나 CV를 준비해 참여 가능
  - * 채용이 열리는 지역, 날짜마다 채용 방식이 상이함

중국남방항공

- **자격**
  - 해외여행에 결격 사유가 없는 자, 교정시력 1.0 이상, 토익 600점 또는 HSK 4급 이상
- **과정**
  - 서류 전형
  - 1차 면접: 이미지 평가 및 자기소개 관련 질문
  - 2차 면접: 개인별 심층 질문
  - 3차 면접: 중국 임원 면접 및 신체 혈색 체크

- 신체검사(한국 및 중국 신체검사)
- 최종 합격
* 면접 과정은 한국어, 영어, 중국어로 진행됨

대한항공

· **자격**
- 병역필 또는 면제자, 해외여행에 결격 사유가 없는 자, 교정시력 1.0 이상, 토익
  550점 또는 토익 스피킹 LV6 또는 오픽OPIc LV Intermediate MID 이상

· **과정**
- 서류 전형
- 1차 면접: 이미지 체크 및 실무 면접
- 2차 면접: 심층 면접, 상무, 전무급 임원 면접, 영어 구술 테스트
- 3차 면접: 사장단 면접, 체력 및 수영 테스트, 신체검사
- 최종 합격

마지막 전쟁,
입사 교육

규칙과 통제를 견뎌라

카타르항공 입사를 앞두고 출국 전에 회사에서 메일로 보내 준 워크북을 공부했어요. 워크북에는 카타르의 도하라는 도시에 대한 정보와 아랍 문화 소개, 간단한 아랍어 등이 수록되어 있었어요. 카타르항공의 교육 기간은 2개월로, 그리 길지 않은 시간이지만 당시에는 영원처럼 느껴졌어요. 매일 눈뜨면 교육을 받으러 가고 숙소에 돌아와서도 계속 복습을 하는 날들의 연속이었죠.

카타르라는 낯선 곳에 적응할 새도 없이 도하에 도착해서 딱 하루만 쉬고 바로 트레이닝을 받았어요. 다양한 나라에서 온 입사 동기들과 매일 방대한 양의 교육 내용을 공부했습니다. 다음 날에는 무작위로 이름을 불러서 테스트하는 복습 시간이 있었는데 답변을 제대로 하지 못하면 하루 종일 인스트럭터Instructor(교육 강사)의 주목을 받고 모든 질문에 답변해야 하는 대상이 되기 때문에 살이 떨렸습니다. 그리고 무엇보다 한국인으로서 자존심을 지키기 위해 다른 나라에서 온 동기들에게 뒤처지지 않으려고 모든 내용을 통째로 다 외우겠다는 마음가짐으로 공부했어요.

서비스 교육은 외국 항공사 특성상 서비스 경험이 있는 승무원이나 전직 승무원들이 많아서 그다지 어렵지 않았는데 안전 교육과 응급 상황 교육을 받을 땐 긴장의 연속이었어요. 교육 담당자들이 인도, 프랑스, 폴란드, 필리핀 등 여러 나라 출신이라서 특유의 영어 억양에 적응하는 데도 시간이 좀 걸렸습니다. 누구나 힘들다고 얘기하는 승무원 입사 교육을 영어로 받는다는 것이 처음에는 부담되었지만, 덕분에 영어 듣기 실력은 확실하게 늘었어요.

카타르항공에서 제공하는 모든 노선의 기내식은 종교 법률에 따라 만들어진 할랄Halal(무슬림이 먹고 쓸 수 있는 제품) 음식이에요. 예를 들어 한국에서 도하로 가는 노선에도 한국의 케이터링 회사가 만든 할랄 기내식이 실립니다. 그리고 도하에 돼지고기와 술은 반입할 수 없어요. 물론 카타르항공 기내에서 알코올음료 서비스를 제공하지만 라마단(이슬람교에서 행하는 약 한 달가량의 금식 기간. 이슬람교도들은 라마단 기간 중 해가 떠 있는 낮에는 음식과 물을 먹지 않고 해가 지면 금식을 중단한다) 기간에는 기내식 음료 서비스를 할 때 술을 기내 카트 위에 두지 않고 따로 요청하는 승객들에게만 갤리Galley(기내에서 승무원들이 서비스를 준비하는 공간. 주방의 역할)에서 준비해서 서비스합니다. 그래서 일반적인 서비스 업무 교육 외에도 무슬림 고객 서비스 교육도 받았어요. 교육 중 시험 성적이 부족하거나 의사소통에 문제가 있는 훈련생들은 안타깝게도 교육 도중에 고국으로 돌아가기도 했어요.

교육을 받는 동안 훈련생들은 밤 10시까지 숙소에 들어가야 하고 쉬는 날 도하에 있을 때는 새벽 4시 이전에는 꼭 숙소로 돌아가야 한다는 규칙이 있었어요. 50곳이 넘는 승무원 숙소에는 입구에 출입 시스템이 있어서 건물을 오갈 때 항상 카드를 찍어야 했습니다. 그래도 건물 안에서는 통금 시간이 따로 없었기에 같은 숙소 건물에 사는 동료들과는 가족처럼 가깝게 지냈습니다.

회사 측에서는 전 세계의 부모님들이 카타르항공을 믿고 중동이라는 먼 나라에 훈련생들을 보내 준 만큼 보호자의 입장으로 훈련생들을 통제하고 보살펴야 할 의무가 있다고 하더라고요. 하지만 성인에게 통금 시간을 둔다는 것 자체를 답답해하는 훈련생들이 많았어요. 특히 유럽이나 미국에서 온 동료들은 이런 규칙들 때문에 퇴사율이 높았어요. 저도 처음에는 모든 규칙이 불편하고 답답했지만 시간이 지나면서 자연스럽게 적응했습니다.

모든 교육 과정이 끝나고 유니폼을 입고 졸업하던 순간의 뿌듯함과 기쁜 감정이 아직도 생생하게 느껴져요. 막상 비행에 투입되니 힘들었던 트레이닝 기간이 그립기도 했어요. 여러 국적의 동료들과 함께 교육받고 성장할 수 있었던 소중한 시간이었습니다.

외국어로 진행되는 입사 교육

중국남방항공의 승무원 교육 기간은 약 3개월 반이에요. 중국에서 교육을 받았기 때문에 오래 가족과 친구들을 보지 못해 교육 기간이 더 길게 느껴졌습니다. 서비스 교육도 어려웠지만 특히 안전 교육과 응급상황 대처 교육을 받을 땐 정말 긴장의 연속이었어요.

수업은 영어, 중국어로 진행되었고 비행 기종 교육, 위급 환자 응급 처치 교육CPR(심폐소생술), 안전 교육(화재 처리 순서, 응급 설비 사용 방법, 위험 물품 분류, 수영 훈련 등)을 받았습니다. 서비스 프로시저Service procedure(서비스 절차) 및 불만 고객 응대와 대처 요령 등은 롤플레이 연습을 통해 진행되었죠.

교육 기간 동안 교육생이 지켜야 하는 몇 가지 규정이 있었습니다. 일단 교육생은 오후 10시 전까지는 숙소로 복귀해야 했어요. 아무래도 타지의 낯선 환경에서 교육생들을 보호하기 위해 교육

관들이 통금 시간을 정해 둔 것 같아요. 그리고 외출 시에는 2명 이상씩 함께 움직여야 했습니다. 다행히 통금 시간은 교육 기간에만 적용되었고, 실습 비행 과정을 다 완료한 후에는 외출 전 사무장님께 미리 보고해야 하는 규정이 있었죠.

또 교육 기간이나 실습 비행 때 시험 결과가 부족하면 재시험을 보고, 그래도 통과하지 못하면 탈락하는 규칙이 있어 교육 도중에 집으로 돌아가는 훈련생을 보기도 했어요. 그래서 교육을 받을 때 동기들과 서로 더 의지하고 응원했습니다.

승무원 입사 교육에서 가장 힘들었던 점은 외국어로 교육을 듣고 시험을 치러야 하는 것이었어요. 더불어 중국어도 해야 했기 때문에 승무원 매뉴얼도 중국어판과 영어판 2가지를 모두 공부해야 했습니다. 응급 및 서비스 프로세스 또한 두 언어 모두 다 가능하도록 숙지하는 것이 무엇보다 중요했어요. 실제로 실기시험은 영어 또는 중국어 중 택 1이었고, 필기시험은 영어 객관식 시험이었어요.

작은 에피소드인데, 교육 중 응급 구령을 할 때 저도 모르게 한국어로 말할 뻔했던 적이 있어요. 이런 실수를 하지 않고 중국어, 영어를 먼저 모국어처럼 말할 수 있도록 많은 연습이 필요했습니다.

길고 긴 교육의 시간

대한항공의 객실승무직 입사 교육은 정말 길었어요. 제가 입사하던 2011년에는 3개월 동안 입사 교육, 안전 교육, 서비스 교육을 받았는데 현재는 교육 기간이 4개월로 더 늘었다고 해요.

정식 입사 전에도 어학 관련 온라인 교육을 이수해야 했는데, 수십 개에 달하는 중국어·일본어·영어 동영상 강의를 보고 회사의 교육센터에 직접 출석해 2일 동안 오프라인 교육도 받았습니다.

정식 입사 후에는 비슷한 시기에 채용된 대한항공의 모든 신입 직원과 함께 한 달 동안 회사에 대해서 알아 가는 입사 교육을 받았습니다. 간혹 일반 사무직, 화물, 기내식 부서의 신입 직원과 함께 교육을 듣기도 한다는데 제 입사 동기는 모두 운항승무원과 객실승무원이었어요.

입사 교육에서는 비행기 부품, 비행기의 물리적 작동원리 등을 배웠고 조중훈 회장님의 책《내가 걸어 온 길》을 읽으며 회사의 역사에 대해서도 배웠습니다.

　대한항공은 신입 교육생이 기숙사나 숙소 생활을 하지 않아서 교육생의 생활을 통제하는 특별한 규칙은 따로 없었어요. 다만 매일 아침 전날 배운 내용을 체크하는 모닝 테스트에서 90점 미만을 받은 훈련생은 오후에 재시험을 봐야 했습니다.

　한 달 동안의 입사 교육이 끝나고 객실승무원들끼리 모여서 본격적으로 안전 교육과 서비스 교육을 받았습니다. 안전 교육에서는 실제 탑승할 비행기의 상세 구조, 항공기 안전·비상 탈출 요령을 배웠고, 사내에 근무하는 의사와 간호사에게 의약품과 CPR 교육도 받았습니다. 한 달 내내 아침저녁으로 비상 탈출 구호를 외쳤더니 안전 교육 기간 내내 제 목은 거의 쉬어 있었어요.

　서비스 교육에서는 모든 기내 서비스에 관련된 내용과 그 서비스에 맞는 영어·중국어·일본어 교육을 받았습니다. 단거리, 중거리, 장거리 비행에 따라 진행하는 서비스 절차가 모두 달라 각각 배우고 익혀야 했고, '비행 실습'이라는 명찰을 달고 실제 단거리, 장거리 비행에 참여하고 평가를 받았습니다.

　이 외에도 당장 비행을 해도 손색없을 정도의 객실승무원 이미지(헤어, 손톱 규정, 유니폼 청결) 점검을 받으며 지내다 보니 숨 막히는 3개월의 시간이 순식간에 지나갔어요.

　당시에는 매일 네다섯 시간밖에 못 자고 아침마다 전날에 배웠던 것을 시험 보니 죽을 맛이었지만, 비행을 시작한 뒤로는 그때가 제일 좋았다며 우스갯소리를 하곤 했어요.

승무원 교육을 받던 그때야말로 희망했던 회사 취업에 성공해 꿈을 이뤄 냈다는 그 넘치는 자부심으로 가장 행복했던 시간이었습니다.

승무원의 통과 의례,
체력 검사

실제 같은 디칭 교육과 높아지는 팀워크

카타르항공은 입사할 때 체력 테스트가 따로 없었어요. 옆 나라 항공사인 에미레이트항공과 에티하드항공도 체력 테스트는 없고 신체검사만 있다고 해요. 대신 입사 교육이 끝나갈 때 필수로 항공사 소속 병원에 있는 심리 상담사를 만나서 상담을 받아야 했습니다. 이때 적응을 잘 하지 못하거나 심리적으로 힘들어하는 교육생들은 상담을 받고 자신의 나라로 돌아가는 경우도 있었습니다. 승무원이란 직업은 신체뿐만 아니라 정신적으로도 건강해야 하는 직업이라는 생각이 들었습니다.

카타르항공사는 수영 테스트도 따로 없었고 디칭Ditching(비상 착수) 상황을 가정해서 각자 수영하여 구명보트에 올라타는 훈련을 했습니다. 이때 교육생들이 서로 도와서 보트에 올려 주고 이끌어 주었는데, 비상 상황에 대비하는 것뿐만 아니라 승무원들 간의 팀워크도 다지는 게 이 교육의 목적이었던 것 같아요.

이곳에서는 일반적인 신체검사 외에 입사 전후에 폐검사를 실시합니다. 폐 질환 관련 병력이 있으면 중동 국가에 입국할 수 없어요. 간혹 자국에서 이상이 없다는 결과를 받았더라도 카타르 도하에서 실시하는 신체검사에서 폐 관련 질환이 발견되면 자국으로 되돌아가야 해요.

특별한 신체검사와 수영 테스트

중국남방항공은 1년에 총 두 번(중국의 북방, 남방 지역) 신체검사를 진행합니다. 중국 북방과 남방 지역의 신체검사 기준이 다르기 때문에 전 지역을 비행하는 승무원은 2개의 검증된 건강증을 지녀야 비행할 수 있습니다.

입사 후 교육 기간에 신체검사를 받는 과정에서도 평균 심장 박동수 수치를 웃도는 경우, 고혈압이 있는 경우에는 재검을 받거나 탈락될 수 있습니다. 신체검사(평균 수치) 조건이 맞지 않아 한국으로 돌아간 동기도 있었어요. 그때 함께 얼마나 울었는지 몰라요. 마음이 정말 아팠지만 한편으로는 건강이 가장 우선이라고 생각했어요. 입사 교육이 다 끝나고 비행 1년 후에 받는 정기 신체검사부터는 문제가 있을 시 경과를 지켜보거나 치료 기간을 주어 재검사를 할 수 있습니다.

　　중국남방항공은 입사 시 체력 테스트는 따로 없었지만 입사 후 2년에 한 번씩 수영 테스트가 있어요. 5분 안에 25미터를 세 번 왕복해야 합니다. 그리고 실제 응급 상황처럼 모형 비행기에서 뛰어내려 각자 수영한 뒤 구명보트에 올라타는 훈련을 했는데, 이때 교육생들끼리 서로 도와 보트 위에 올려 주며 팀워크를 높일 수 있었습니다. 또 2명씩 팀을 이뤄 한 명은 구조하는 역할, 한 명은 구조되는 역할을 맡아 실제처럼 테스트를 하기도 했어요.

　　이처럼 제가 면접 볼 당시에는 수영 테스트가 따로 없었지만, 입사 후 교육 기간에 수영 훈련 수업이 있어서 자연스럽게 수영을 배울 수 있었습니다.

건강한 체력으로 지키는 기내 안전

대부분의 국내 항공사는 승무원 채용 시 체력 부분 규정을 정확하게 명시하고 중요하게 여깁니다.

대한항공의 경우 채용 과정에서 진행하는 체력 테스트에는 사이클 오래 타기, 순발력 테스트, 유연성 테스트, 외발 균형 잡기, 윗몸 일으키기, 악력 테스트 등 총 6개 종목이 있으며, 각각의 점수를 합산했을 시 기준 점수 이하면 불합격할 수도 있습니다. 합격자 중 일부는 3개월의 교육 기간 중 유예 기간을 주고 재측정하기도 합니다. 그리고 비상 착수를 대비한 수영 테스트도 진행합니다.

위에서 이야기한 체력 테스트는 매년 받는 것이 규정이었는데 현재는 테스트에서 우수한 점수를 받으면 1년 면제권을 준다고 합니다. 결국 아무리 잘해도 2년에 한 번씩은 무조건 받아야 하는 테스트인 것이죠.

항공기 승무원이 건강한 체력을 가져야 하는 이유는 바로 승객의 안전과 직결되는 문제이기 때문이에요. 한 번의 비행에도 수없이 서비스 물품(각종 음료)과 카트를 날라야 하고 오버헤드 빈 Overhead bin(기내 좌석 위에 짐 넣는 곳)을 열어 승객의 짐을 넣는 등 힘을 쓸 일이 많기 때문이죠. 무엇보다 비상 상황이 생겼을 때 신속하게 탈출하기 위해선 비행기 문을 정확하고 빠르게 개방해야 하는데 비행기 문에 달린 장치들이 상당히 무겁고 순간적으로 큰 힘을 가해야 해서 체력이 중요합니다. 그리고 흔들리는 비행기 안에서 서비스하며 균형을 잡아야 하는 일도 많기에 승객과 승무원의 안전을 위해 항상 건강한 몸을 유지하는 일은 큰 과제이자 일상입니다.

과거에는 뉴스 또는 현직 승무원들의 SNS를 통해서나 볼 수 있었던 승무원 교육 내용이 요즘은 여러 TV 프로그램을 통해서 대중들에게 소개되었어요. 덕분에 항공기 승무원의 업무에 대한 대중의 관심과 이해도가 높아졌습니다. 그만큼 기내 안전이나 비행기 구조, 장치에도 관심이 높아져 현직 승무원들이 더 꼼꼼히 점검하고 안전 수칙을 제대로 이행해야 합니다.

입사 후 교육 내용

카타르항공

- **Cabin Service(객실서비스)**
  - 승객에게 제공되는 모든 기내 서비스 과정 교육
- **SEP**Safety and Emergency Procedure
  - 안전 및 응급 상황 대피: 비행기 기종 교육(기종마다 다른 Door 작동)
  - 응급 상황 시 시나리오에 맞는 승객 대피 요령 교육
- **GP**General Procedure
  - 소화기, 산소통, 구명조끼 등 안전장비의 비행 전 점검 사항 및 사용 방법, 비행기 연료 재충전 시 주의 사항 등
- **Fire Fighting(화재 진압)**
  - 실제 상황을 재현한 교육 장소에서 시나리오에 맞는 화재 진압 교육
- **Dangerous Goods(위험 화물)**
  - 기내에 실릴 수 있는 위험물들의 종류와 표기법, 기호 등을 교육
- **First Aid(응급 처치)**
  - 기내에서 일어날 수 있는 여러 상황에 대비하는 응급 처치 교육
  - 증상에 따라 승객에게 투약할 수 있는 약물 관련 교육
- **Ditching(비상 착수)**
  - 비상 착수 시 승객들을 비행기로부터 안전하게 대피시키는 훈련
- **Crew Resource Management(승무원 자원 관리)**
  - 운항 승무원과 객실승무원 간의 의사소통과 토론을 통한 위급 상황 대비 교육
- **Grooming(그루밍)**
  - 카타르항공의 스탠다드에 맞는 립스틱 색상과 네일 색상, 헤어스타일 연출 방법 등 교육
* 모든 교육 과정은 영어로 진행

* 도하 출국 전 워크북 숙지: 카타르, 중동의 문화 및 언어 소개
* 교육 과정 중 의사소통에 문제가 있거나 요구하는 시험 점수 기준을 넘지 못하면 자국으로 돌아가는 경우도 있음

· **회사 규칙**
- 교육 기간 동안 통금 시간 오후 10시
- 쉬는 날 도하에 있을 때는 통금 시간 새벽 4시
- 승무원 숙소 건물을 오갈 때 입구에 있는 출입 시스템에 카드를 찍어야 함
- 승무원 숙소 건물 안에서는 통금 시간 따로 없음

중국남방항공

· **안전 교육**
- 객실승무원으로서 익혀야 할 안전 및 응급 대처 업무 수행
- 비행 기종, CPR, 화재 처리 훈련, 응급 설비 사용 방법, 위험 물품 분류
- 수영 테스트: 2년에 한 번 진행

· **서비스 교육**
- 서비스 프로세스
- 불만 고객 응대와 관련한 롤플레이 테스트
- 중국어 및 영어 서비스 용어 학습 및 테스트

· **회사 규칙**
- 교육 기간 동안 통금 시간 오후 10시
- 외출 시 교육생 2명 이상이 함께 움직여야 함
- 실습 비행 과정을 다 완료한 후에는 외출 전 사무장에게 미리 보고
- 교육 시 한 과목당 80점 미만 기준으로 자격 미달 시 재시험 가능

* 실기 시험은 영어 또는 중국어 중 택 1
* 실습 시험은 영어 및 중국어로 진행

대한항공

- **입사 교육**
  - 비슷한 시기에 합격한 대한항공 전 부서 신입 사원이 함께 이수
  - 대한항공의 역사와 운항, 화물 및 항공사 전 영역에 걸친 직무 학습
  - 기내식 청사, 화물 청사를 비롯한 부산공항, 제주공항 내 대한항공 관련 장소 실습 방문
  - 봉사활동
- **안전 교육**
  - 대한항공 전 기종 항공기 구조 및 응급 설비 학습
  - 객실승무원으로 근무 시 필요한 안전 사항 학습
  - 항공보건 의약품, CPR 및 의료 관련 내용, 비상 탈출 시 승무원 수행 업무 학습
- **서비스 교육**
  - 기내 필수 외국어 학습: 영어, 일본어, 중국어
  - 단거리, 중거리, 장거리 이코노미 클래스 기내 서비스 학습
  - 단거리, 중거리, 장거리 OJTOn-the-Job Training 실습 비행
- * 교육 기간 내내 모닝 테스트 실시
- * 교육 기간 중 경고장 누적 시 교육생 자격 박탈

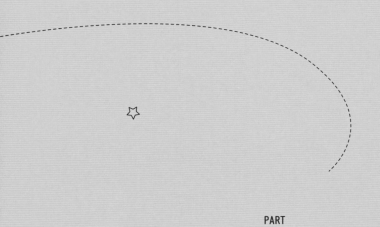

PART

2

상위 클래스
승무원으로 가는 과정

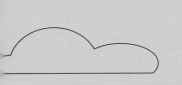

상위 클래스
승무원 교육

말투와 습관을 바꾸는 상위 클래스 교육

카타르항공은 상위 클래스 교육 때 비즈니스 클래스와 퍼스트 클래스 교육을 같이 받아요. 실제로 기내에서 서비스되는 음식들을 먹어 보며 관련 지식들을 익히고, 서비스하는 식음료 교육을 중점적으로 받았는데 특히 와인, 샴페인 등 술 종류가 어마어마하게 많았어요. 술의 원산지와 맛의 특징, 어울리는 음식까지 같이 외우느라 시간이 꽤 오래 걸렸습니다. 그래도 한국에서는 접해 보지 못한 생소한 아랍 음식들을 배울 수 있고 처음 보는 식재료와 다양한 향신료들이 신기하게 느껴져서 더욱 재미있게 교육을 받았어요.

승객을 응대할 때 쓰는 말투 하나하나도 이코노미 클래스 서비스와 차별화하는 연습을 많이 했어요. 고급 영어를 익히는 것이 처음에는 어색했지만, 자연스럽게 입에 밸 때까지 여러 번 연습하고 실습했어요. 혹독했던 상위 클래스 교육이었지만 더 품격 있게 고객을 대하는 제 모습을 발견하고 정말 뿌듯했습니다.

상위 클래스 교육이 끝나고 특별히 'WSET'라는 영국의 와인 아카데미에서 하는 와인 교육을 받게 되었어요. 직접 와인을 테스팅하고 시험까지 봐서 자격증을 취득했는데 그때 배운 지식은 지금도 유용하게 쓰고 있어요.

상위 클래스 교육을 받고 투입된 카타르항공 A380(에어버스Airbus 사에서 제작한 세계 최대 규모의 2층 구조 항공기. 2021년 단종 예정)에 있는 바 라운지는 비지니스 클래스와 퍼스트 클래스 승객만 이용할 수 있는데, 따로 담당 승무원이 정해져 있지는 않아요. 보통 비행 시작 전 브리핑(비행 전 회의)룸에서 사무장이 프리미엄 클래스 담당 승무원 중에서 바 담당을 배정하는데, 저는 칵테일 만드는 것과 와인 서비스를 좋아해서 항상 먼저 손을 들고 지원했어요.

바 라운지 담당 승무원은 비행 내내 라운지에 머물면서 승객들이 원하는 술과 차, 커피를 서비스합니다. 승객들과 친근하게 대화하며 좋은 분위기를 유지해야 하죠. 전 세계에서 온 승객들과 다양한 주제로 대화를 나누는 즐거움은 정말 컸습니다. 한 번은 런던으로 가는 노선에서 잠깐 앉을 틈도 없이 영국 승객들이 즐겨 마시는 진토닉과 잉글리쉬 블랙퍼스트 티를 땀이 날 때까지 만들었던 기억이 있어요.

중국 항공사 특성에 맞춘 문화 교육

중국남방항공은 상위 클래스 교육 때 비즈니스 클래스, 퍼스트 클래스 교육을 같이 합니다. 저는 상위 클래스 음식들을 배울 때 생소하고 다양한 중국 향신료와 식재료를 직접 맛보고 비교하는 것이 재미있었어요. 중국은 음식 역사도 깊고 지역마다 음식이 다양하잖아요.

가장 먼저 받은 교육은 중국의 산동, 광동, 사천, 호남 등 대표적인 8대 음식 분류였어요. 그리고 기내식 공장에 견학을 가서 기내식이 만들어지는 과정을 체험하고, 수업이 끝나고 나서는 동기들과 옹기종기 모여서 기내식을 먹곤 했어요.

상위 클래스 교육은 배워야 하는 내용이 어마어마하고, 연속된 시험을 보려면 짧은 시간 안에 많은 것들을 외워야 했기 때문에 매일 밤새며 공부했어요. 음식 소개와 조리 방법 설명, 음식에 맞는 와인 추천을 능숙하게 하는 '전문가의 모습'를 보여야 했기 때문에 많은 노력이 필요했습니다. 그래도 상위 클래스 교육을 통해 와인의 역사, 와인 라벨을 읽고 설명하는 방법, 테이스팅 등 많은 것을 배울 수 있어 정말 좋았어요.

중국인 승객 중에는 차를 찾는 사람이 많아요. 제가 신입 비행을 하던 여름에도 따뜻한 차를 찾으시는 분들이 많아서 놀랐어요. 그만큼 중국은 차 역사와 문화가 깊은 나라이기 때문에 상위 클래스 교육에서는 필수로 '차 문화'를 공부해야 합니다. 교육 시간에는 차의 역사부터 시작해서 차의 종류와 끓이는 횟수, 온도, 색깔, 향 등을 비교하는 것을 배웠는데 다소 어렵기도 했지만 정말 즐거웠어요. 돌이켜 보면 그 당시 배운 지식이 실무적인 서비스를 하는 데 가장 큰 원동력이 되었습니다.

상위 클래스 교육에는 칵테일 조주 수업도 있습니다. 칵테일 종류에 따른 글라스 및 베이스 선택과 제조 비율을 숙지해야 했어요. 게다가 칵테일 레시피를 중국어와 영어로 습득하느라 진땀이 났었네요. 하지만 직접 다양한 종류의 칵테일을 제조할 수 있어 신기했죠. 특히 외국인 승객분들 중에 진토닉을 즐겨 마시는 승객분들이 많아서 열심히 만들었던 기억이 나네요. 이처럼 상위 클래스에서는 차, 커피, 술 등 승객이 원하는 다양한 음료 및 주류 서비스를 전문가처럼 제공하는 것이 중요합니다.

기내 서비스의 꽃, 상위 클래스

    제가 대한항공 객실승무원으로 근무하며 한 번의 큰 위기와 고비를 맞은 적이 있는데, 바로 상위 클래스 교육 때였어요. 상위 클래스 교육이란 비즈니스 클래스와 퍼스트 클래스를 위한 서비스 교육으로, 이코노미 클래스 서비스의 확장판이라고 보면 돼요. 서비스 내용과 순서가 엄청나게 다양해지고 모든 식사는 코스요리로 제공됩니다. 저는 이코노미 클래스에서 일정 기간(회사 상황과 상위 클래스 객실승무원 T.O에 따라 달라짐) 근무 후 약 1달가량 상위 클래스 교육을 받았습니다.

    서비스에 사용하는 그릇의 모양과 이름, 서비스 도구의 이름을 모두 외워야 했고 비행하는 나라뿐만 아니라 아침·점심·저녁 식사 서비스 종류에 따라 달라지는 와인, 치즈, 빵 종류까지 달달 외우고 익혀야 했어요.

특히 대한항공의 경우 모든 객실승무원이 대한항공에서 운항하는 전 기종에 탑승할 수 있는데, 비행기마다 기자재 다루는 방법이 다르기에 미리 그 사용법을 배우는 일도 중요했습니다.

상위 클래스 교육 입과 시험을 치르기 위해 하는 방대한 양의 공부와 교육 기간 동안 매일 치르는 모닝 테스트, 어쩌면 상위 클래스 자격 취득에 실패할지도 모른다는 두려움은 저에게 극악의 스트레스로 다가왔어요.

지금은 승무원 감축으로 없어졌지만, 저는 A380 항공기의 바코드 교육도 별도로 받았어요. A380 2층에 있는 총 94석의 비즈니스 클래스를 이용하는 승객들만 사용할 수 있는 전용 바가 있었는데, 그곳에서 각종 칵테일을 만들어 제공하는 업무를 담당했습니다. 별도의 앞치마와 스카프를 하고 우아하게 칵테일 셰이커를 흔드는 바 전담 승무원의 뉴욕, 파리 비행은 승무원의 팔이 빠질 때쯤 도착하는 것으로 유명했어요.

상위 클래스 서비스 담당 승무원은 고급 식음료에 대한 지식을 쌓고, 종종 연예인이나 유명인들에게 직접 서비스하고, 비교적 적은 승객들과 깊은 교류의 시간을 가질 수 있습니다. 상위 클래스 서비스는 '기내 서비스의 꽃'이 아닐까요?

상위 클래스 교육

카타르항공

- A380 기종 엘리트 서비스 교육
- A la carte(고객의 주문 시 제공되는 일품요리) 서비스
- 비즈니스 클래스와 퍼스트 클래스 승객들을 위한 고급 영어 실습
- 아랍 식재료와 향신료, 세계 식음료의 이해
- 영국의 와인 아카데미 교육 'WSET'

중국남방항공

- 실습 시험: 영어, 중국어
- 기내식 서비스 프로세스
- 중국 음식 역사: 8대 음식 분류 및 향신료
- 차의 종류 및 효능, 차 매뉴얼
- 와인 및 주류 제조 방법과 서비스 매뉴얼
- 상위 클래스 WiFi 사용 안내 및 좌석 작동법 숙지

대한항공

- 비즈니스 클래스, 퍼스트 클래스 기내 서비스 학습
- 각종 특수 직무 학습: A380 기종 특이 업무, 바 라운지
- 상위 클래스 기내식 서비스 순서
- 상위 클래스 제공 가능 음료, 스낵, 주류 제조 및 서빙 매뉴얼 숙지
- 상위 클래스 좌석 기자재 작동법 및 부가 서비스 매뉴얼 숙지

나를 단련시키는
비행 노선

항상 설레는 인천 비행,
화장실 갈 시간도 없는 런던 비행

카타르항공은 2020년 초반 기준 160여 개의 노선이 있었고 현재도 꾸준히 늘어나고 있습니다. 제가 가장 좋아했던 노선은 도하-인천 노선이에요. 인천 비행 전날은 설레서 잠이 안 올 정도였죠. 비행 시간이 보통 10시간 정도로 길고, 한국인 승무원들이 해야 할 업무량도 많았지만 집에 가서 가족들을 만나고 한국 음식을 먹을 수 있다는 생각에 마냥 좋았어요. 도하-인천 노선에는 다른 노선보다 한국인 승무원들이 많이 탑승하기 때문에 평소 사용하는 영어가 아닌 한국어로 편안하게 대화를 나눌 수 있었고, 맛있는 간식도 서로 나눠 먹을 수 있었어요. 긴 비행 시간을 잊을 정도로 즐거운 비행이 많아서 비행 스케줄에 'ICN'이라는 코드가 보이면 소리를 지를 정도로 기뻐했어요.

카타르항공은 영국 비행 노선이 많은 편이에요. 도하-런던 노선이 하루에 많게는 6편이나 있는데 모든 비행이 만석이고 승객의 컴플레인Complaint(고객이 상품의 질이나 서비스에 불만족하여 제기하는 불평)도 자주 발생하는 노선이라 저는 런던 비행이 가장 힘들었어요. 특히 A380 기종으로 비행할 때 프리미엄 클래스 승객들을 위한 바 라운지 매니저 담당이 되면 비행 내내 잠깐 앉을 틈도 없이 진토닉을 만들고 영국인 승객들이 좋아하는 애프터눈 티 서비스를 하느라 착륙할 때까지 바빴어요. 제 비행 스케줄에는 적게는 한 달에 두 번, 많으면 네 번까지 런던 비행이 있었는데 다른 비행에 비해서 체력 소모가 컸기 때문인지 런던 호텔에 도착해 잠을 잘 때면 단 한 번도 깨지 않고 꿀잠을 잤어요.

비행 노선에 따라 준비하는 체력 안배

중국남방항공은 아시아 항공사 중 가장 많은 약 200여 개의 취항지와 1,000개 이상의 비행 노선이 있고 지금도 꾸준히 늘고 있어요. 저는 중국에서 체류하는 시간이 많았기 때문에 인천으로 돌아오는 비행이 가장 설렜어요. 가족과 친구들을 볼 수 있다는 생각에 일이 힘들어도 즐겁게 돌아올 수 있었습니다. 또 한국에 돌아온 날엔 한국 음식을 많이 먹었어요.

하루는 인천-하얼빈 구간에 200명 만석 기준 20분의 승객만 탑승한 적이 있었는데 그 날 같이 비행한 크루들과 여유롭게 한 분, 한 분 찾아다니면서 서비스를 했던 기억이 나네요. 승객들과 대화도 가장 많이 나눈 날이었어요. 비행기가 만석이면 시간 내에 업무를 끝내느라 승객들에게 맞춤 서비스를 하기가 힘들어요. 그래서 손님이 적게 타는 날이면 저희도 여유롭게 맞춤 서비스를 해 드릴 수 있어서 좋았어요.

　반면에 상대적으로 힘들었던 노선은 인천-대련 노선이었어요. 인천-대련 노선은 비행 시간이 1시간에 불과한 짧은 거리지만, 그 노선을 타게 되면 하루에 네 번이나 비행을 해야 했기 때문에 힘들었어요. 특히 짧은 시간 안에 안전하게 식사와 물 서비스를 빨리 끝내고 한국인 승무원은 기내 방송까지 완수해야 했기 때문에 고도로 집중해야 해서 피로도가 가장 높은 노선이었습니다.

휴양지 노선을 준비하는 자세

　제가 퇴사하던 당시에 대한항공은 130여 개의 비행 노선이 있었어요. 지치고 힘든 비행 끝에 도착한 취항지가 정말 멋지면 잠시 그 힘듦을 잊기도 했습니다.

　솔직히 말해 가장 좋았던 노선은 승객이 적게 탑승하는 비행이었어요. 제일 좋은 노선은 딱히 없지만 그날그날 운에 따라 승객이 적게 탑승하면 승객도 행복하고 승무원도 행복한 것 아닌가요?

　한번은 대한항공에서 2012~2014년에 운항했던 나이로비-인천 노선에 탑승해 서비스한 적이 있는데, 승객이 250명 만석 기준 35명만 탑승했어요. 그래서 음료 서비스와 식사 서비스 시간에 편하게 누워 있는 승객 한 분, 한 분을 찾아가 개별 서비스했었는데 지금 생각해도 웃음이 나올 정도로 행복한 기억이에요.

　일반적으로 대부분 노선에 승객이 만석 기준 70~80퍼센트 정도 탑승하는데, 간혹 50명 남짓의 적은 승객이 탑승하는 비행을 하고 나면 '아! 오늘 같은 비행만 있으면 할 만하겠다'라는 말이 절로 나와요.

상대적으로 힘들었던 노선은 모든 인천 출발, 인천 도착 휴양지 노선이에요. 언제나 만석으로 운행하는 L.A나 뉴욕 노선, 사업차 떠나는 상용常用 고객(한 항공사를 자주 이용하는 고객)이 많은 자카르타 노선도 힘들었지만, 휴양지 같은 경우 한국의 계절과 관계없이 정말 다양한 나이대의 승객들이 탑승하기 때문이에요.

특히 괌이나 다낭은 비행 시간도 짧고 인기 있는 여행지이기 때문에 24개월 미만의 유아부터 조부모까지 대가족 단위로 탑승하는 경우가 많았습니다. 어린이 승객이 많으면 그만큼 신경 쓸 것이 많아지고 예상치 못한 일이 일어날 확률도 높아요. 그리고 가족 여행이다 보니 다른 노선보다 승객들의 설렘이나 기대감도 크기에 작은 실수도 하지 않게 더 조심해야 했어요. 반대로 한국으로 돌아오는 노선은 승객들의 여행 피로도가 높고 응급환자 승객에 대한 대비까지도 철저히 해야 했기 때문에 여느 밤샘 비행보다도 지독하게 힘들었습니다.

일하기 좋은 비행기,
힘든 비행기

통로가 긴 A380, 일하기 좋은 B787

저는 카타르항공에서 A380 기종을 주로 탔었는데, 탑승하는 승무원 수가 많아서 비행 전 브리핑이 매우 길었어요. 그리고 기내가 길고 넓어서 그만큼 많이 걸어야 했기에 서비스할 때 체력적으로 많이 힘들었죠.

제가 좋아했던 기종은 B787(보잉Boeing사에서 만든 프리미엄급 여객기. '드림 라이너'라는 별명을 가졌다)이었는데 기종 자체를 선호했다기보다는 그 기종이 운항하는 도시가 대부분 제가 좋아하는 유럽이라서 좋아했어요.

카타르항공은 A319, A320, A321, A330, A350, A380, B777, B787 기종으로 운항을 합니다. 13,000명이 넘는 크루들은 A350, A380 두 그룹으로 나뉘어요. 나누는 기준은 따로 있지 않고 주로 입사 시기가 비슷한 승무원끼리 한 그룹이 되어 비행을 해요. 처음 입사 교육을 받을 때는 기본적인 보잉Boeing 기종 교육을 주로 받고 어느 정도 비행을 한 후에 그룹이 나누어지기 때문에 보잉 기종은 모든 크루가 탑승 가능하고 에어버스 기종은 나눠서 비행을 하는 거죠. 저는 A380 그룹 크루였지만 A350을 제외한 모든 기종에 비행 자격이 있었고, 제가 입사하고 한참 뒤에 이 그룹을 나눴기 때문에 저는 거의 모든 기종을 경험할 수 있었어요.

A319, A320 기종 중 좌석 전체를 비즈니스 클래스로 운행하는 경우가 있었는데, 보통 국가 고위직 인사나 VIP를 위한 전세기로 사용했어요. 가끔 갑작스럽게 스케줄이 변경되어 VIP 비행을 하는 경우도 있었는데 다양한 고객들을 만나고 대화할 수 있어서 뜻 깊은 추억으로 남아 있습니다.

기종에 따른 승무원의 일

중국남방항공은 12개의 비행기 기종으로 운항을 하는데 약 2만 명이 넘는 크루들이 한 사람당 3가지 비행 기종을 맡아 비행을 했습니다. 우선 가장 크게 A380, B787 기종으로 나눠졌고, 맡고 있는 비행 기종에 따라 가는 노선도 다 달랐어요. 그래서 비행에서 새로운 크루들을 만나면 서로 어떤 기종을 가지고 있는지 자주 이야기를 나누었습니다.

저는 개인적으로 에어버스사 비행기를 좋아했는데, 그중에서도 와이파이가 되는 최신식 A330 기종을 가장 좋아했어요. 약 300명의 손님이 양쪽 통로에서 탑승하고, 승객들의 짐을 보관하는 오버헤드 빈이 넓어서 승무원들이 안전 점검을 하기에 조금 더 수월했습니다. 또 에어버스사와 보잉사 비행기의 오버헤드 빈 여닫이 문이 달랐는데, 보잉은 오버헤드 빈을 밑에서 위로 닫는 구조여서 무거운 수화물을 넣었을 때는 다소 닫기가 힘들었어요.

A330 기종의 최고 장점은 이코노미석에서도 와이파이 사용이 가능하다는 것이었어요. 비즈니스 클래스와 퍼스트 클래스에서만 와이파이 사용이 가능한 기종이 더 많거든요. 덕분에 장시간 비행에도 손님들이 마치 집에 있는 것처럼 편리하게 인터넷을 이용하고 개인 업무를 볼 수 있어 서비스를 하는 저희도 좋았어요.

일하기 힘들었던 기종은 A319 기종이었어요. 우선 최소 인원인 4명의 객실승무원이 약 180명 승객들의 서비스를 책임져야 하고, 특히 짧은 노선에서는 서비스 및 안전 점검을 신속하게 다 마쳐야 했어요. 그만큼 스스로 맡은 일에 대한 책임감이 더 필요했습니다.

승무원의 전쟁터, 비행기

대한항공은 전 객실승무원이 안전 교육 때 운항 중인 약 11개 기종의 탑승 자격을 모두 취득합니다. 저는 퇴사하기 전 현재 운행하고 있는 기종들까지 모두 비행해 보았는데, 개인적으로 보잉사의 비행기가 참 좋았어요. 전반적으로 승무원들이 일하기에 좋은 구조로 만들어진 것 같아요. 승무원들이 계속해서 걸어 다니고 움직이는 곳인 좌석 사이 간 복도가 넓어서 이동할 때 편리했습니다.

그중에서도 제가 가장 좋아했던 기종은 B777-200! 퇴사 4개월 전쯤 B787과 A220이 들어오기 전까지는 나름 신식 비행기였어요. 승무원이 잠깐의 꿀 같은 휴식을 취하는 벙커도 개별 커튼으로 공간이 분리되어 있었고, 대부분의 시간을 보내는 갤리가 넓은 것도 좋았습니다.

반대로 일하기 힘들었던 비행기는 두 기종이 있어요. 첫 번째는 연식이 오래된 B747 기종이에요. 이 비행기는 탑승객들도 단번에 '이 비행기 정말 나이 많구나!' 하고 느낄 수 있는 수준이었어요. 승객들이 보는 화면, 기내 환경을 조절하는 온도나 라이트 조절 버튼들도 아날로그 방식이어서 얼마나 당황스러웠던지……. 특히 막 입사한 주니어 승무원들에게는 문화 충격이었을 거예요.

두 번째는 연식과 관계없이 힘들었던 A330 기종이에요. 이 비행기는 통로가 너무 좁아 카트를 끌고 다니며 서비스할 때 승객들의 신체와 부딪히지 않게 조심해야 했습니다. 그리고 무엇보다 비즈니스 클래스와 가까이 앉은 이코노미 클래스 승객들이 비즈니스 클래스 화장실을 사용하려고 할 때마다 일일이 규정을 설명하고 돌려보내야 해서 승객과 승무원이 서로 민망한 상황이 자주 발생했어요.

진짜
승무원 업무

승객의 뒤에서 일하는 승무원

승무원들의 업무는 비행 시작 전 모여서 하는 브리핑에서부터 시작됩니다. 먼저 매일 다르게 구성되는 동료들과 자기소개를 하고 그날의 비행 정보를 교환해요. 그리고 사무장이 팀원들에게 돌아가면서 안전이나 응급 처치에 관한 질문을 하는데 대답을 잘하지 못하면 최악의 경우 그 비행에서 제외되는 경우도 있습니다. 그다음에는 회사 그루밍 팀Grooming team으로부터 그루밍 체크(비행 전에 받는 전반적인 외향 점검)를 받고 비행기로 이동해요.

비행기에 탑승하면 승객 맞이 준비가 빠르게 진행되고 이륙 직전에 점프 시트Jump seat(이착륙 시 승무원이 앉는 좌석)에 앉아서야 겨우 한숨을 돌립니다. 비행이 끝나고 승객들이 하기한 후에 분실물 체크, 안전 및 보안 점검을 하는 것도 승무원의 업무 중 하나입니다.

보이지 않는 곳에서부터 시작!

승무원의 업무는 비행 전부터 시작됩니다. 비행 전날부터 이달의 중요 서비스와 안전 업무를 확인하고, 비행 기종의 응급 설비위치 및 개수를 미리 공부하고 자신이 받은 듀티Duty(해당 비행에서나의 업무. 비행 하루 전 정해진다)에 따른 업무를 숙지해서 브리핑 회의에 참석해야 해요. 많은 준비가 필요하죠. 브리핑 시간에는 기장님으로부터 그날의 기상 상태와 난기류의 정도 및 특이 사항들을 메모해서 승무조원들과 미리 위급 시 대처할 상황에 따른 역할조정도 하고요. 그만큼 서비스뿐만 아니라 손님들의 안전을 위해서도 노력합니다.

승객들이 잘 모르는 승무원들의 가장 바쁜 시간은 이륙 직전이아닐까 해요. 손님들보다 일찍 탑승해서 가장 먼저 응급 설비를확인하고 이륙 후 바로 서비스가 나갈 수 있게 음료, 밀 수량 확인 및 카트를 준비하는 과정들을 빠른 시간 내에 끝내야 해서 굉장히 바쁩니다. 하지만 승객이 탑승하기 시작하면 아무 일도 없었다는 듯이 밝은 미소로 환영 인사를 하죠.

장시간 비행은 이륙 후 첫 번째 밀, 음료 서비스가 끝나면 다음 식사도 준비해야 하기 때문에 승무조원을 나누어 당직 시 돌아가며 준비합니다. 그리고 조명이 어두운 기내에서 승객들의 안전을 위해 객실 순시(기내 조명이 꺼진 후 승객들의 안전 및 특이 상황을 살피는 것)를 하는 것까지 저희 업무에 포함돼요.

이처럼 승무원은 정말 보이지 않는 곳에서도 승객들의 서비스, 안전을 위해 힘쓰고 있습니다.

승무원의 진짜 비행

승무원들에게 '진짜 비행'은 이륙하기 5~6시간 전 집에서 출근 준비를 하면서부터 시작돼요. 승객들은 비행기에 탑승해서 승무원을 처음 만나고 식사 시간을 제외하고는 기내 조명이 늘 어둡게 조절되어 있으니 잘 모르지만, 사실 승무원들은 이륙하기 훨씬 전부터 도착지에 도착해서 호텔에 가기 전까지 끊임없이 움직입니다.

승무원은 이륙 3시간 전쯤 회사로 출근해서 당일의 비행 정보, 취항지 입국 정보, 항공기에 관한 모든 정보를 질의응답식으로 브리핑하고 운항승무원의 브리핑까지 마치고 나서야 공항으로 이동합니다.

승객 탑승 전, 승무원들은 비행기에 미리 탑승해 땀을 뻘뻘 흘리며 이륙 후 시작될 각종 서비스 준비를 하고, 승객 탑승으로 정신이 쏙 빠지는 시간이 지나면 이륙하는 동안 승무원 좌석에서 한

숨 돌립니다.

불이 꺼진 비행기 안에서도 조용히 돌아다니며 계속 다음 서비스를 준비하거나 다음 편 승무원들을 위해서 기내를 끊임없이 정리하는 것도 승객들은 잘 모르는 승무원의 일이에요.

도착지에 도착하고 나면 혹시 승객이 두고 간 물건은 없는지 확인하고 안전 보안 점검을 합니다. 이렇듯 승객들이 직접 보는 승무원의 업무는 빙산의 일각에 불과합니다.

극복해야 할
승무원의 일

중동 문화 적응과 승객 컴플레인

저는 처음 카타르에 살면서 중동 문화에 적응해 나가는 과정이 조금 힘들었어요. 인천공항에서 가족들의 배웅을 받고 두근거리는 마음으로 도하에 도착했던 첫날을 아직도 잊을 수가 없어요. 모래색 건물들을 보니 테러 영화가 떠올랐고, 12월이었는데도 정말 더웠어요. 하루에 다섯 번씩 기도하는 소리가 들려오는 것도 낯설었고, 한국을 떠나서 도하를 베이스로 비행한다는 것 자체가 외로움과의 싸움이었습니다.

중동 회사라 엄격했던 규율도 처음엔 답답했어요. 물론 비행을 시작한 이후로는 미니멈 레스트Minimum rest(비행 픽업 12시간 전에는 숙소에서 휴식을 취해야 함) 같은 규율을 정한 데는 그럴 만한 이유가 있다고 이해했지만 적응하기까지 꽤 오랜 시간이 걸렸습니다.

승객 컴플레인만 생각하면 아직도 예민해지네요. 제가 카타르항공에 입사한 지 얼마 안 되었을 때 인도로 향하던 비행에서 한 이코노미 클래스 승객이 샴페인을 달라고 요구했어요. 그때는 이코노미 클래스에 샴페인 제공이 중단된 지 몇 달이 지났을 시점이어서 저는 승객에게 죄송하다는 사과와 함께 자세한 설명을 드리고 샴페인 대신 화이트 와인과 탄산수를 섞어서 만든 칵테일을 권해 드렸죠. 그러자 자신이 카타르항공을 이용한 지가 20년도 넘었으며 카타르항공의 멤버인데 비지니스 클래스에 있는 샴페인을 마시고 싶다고, 자신은 인도인이 아니라 영국 영주권을 가지고 있으니 당장 가져오라는 말도 안 되는 논리로 불만을 표시했어요.

그 당시 카타르항공은 창사 20년도 채 안 됐을뿐더러 국적을 논하며 컴플레인을 하는 것은 더더욱 말이 안 되는 것인데 너무 당당하셨고, 아무리 설명을 해 드려도 같은 말만 되풀이하셔서 정말 난감했습니다. 결국 같이 일하던 시니어 승무원이 와서 겨우 해결은 되었지만 그 이후로 인도 비행이 있을 때마다 긴장감과 부담을 가득 안고 비행을 했어요.

다양한 국적의 승객들이 많아서 오히려 생각지도 못하게 승무원으로부터 인종 차별을 당했다고 회사에 컴플레인 메일을 쓰는 승객도 있었어요.

예기치 못한 상황 다스리기

제 생각에 승무원들이 가장 힘들어하는 점 중 하나는 '스케줄 근무'일 것 같아요. 개인적인 일정이 있어도 스케줄 조정이 안 되면 친구의 결혼식이나 가족 행사 등에 참여하지 못할 때가 많습니다. 저도 스케줄 조정이 되지 않아 결국 친한 친구의 결혼식에 가지 못한 적이 있어요. 또 연말과 새해를 가족이나 친구들과 함께 보낸 기억도 손에 꼽을 정도로 적습니다. 어쩔 수 없는 일이지만 제 주변 사람들을 챙기지 못해서 미안한 마음이 컸어요. 그래서 지금은 제 주변 사람들을 더 챙기려고 노력해요.

외국 항공사 승무원으로 일하면서 제가 초반에 겪었던 어려움은 '소통 문제'였어요. 외국 항공사다 보니 그 나라 언어로 브리핑을 하는데 신입 때는 기장님이 말하는 어려운 용어들을 바로 해석하는 게 어려웠어요. 그때마다 따로 필기해서 숙지하곤 했습니다. 그래서 비행 근무 외 한국에서 체류할 때도 외국어 공부를 소홀히 하지 않으려고 노력했어요. 당시에는 소통의 장벽으로 힘들었지만, 꾸준히 한 외국어 공부가 자기계발에 큰 도움이 되었습니다.

승객으로부터 컴플레인을 받는 순간도 힘들었어요. 어느 날 광저우에서 두바이로 가는 비행을 했는데, 가족 단위의 승객들이 많았습니다. 그런데 승객 중 3세 아이가 갑자기 열이 올라 계속 우는 거예요. 아이의 어머니는 아직도 몇 시간이나 더 가야 한다는 상황에 많이 힘들어하셨습니다.

여기서 더 큰 문제는 주변 승객들이 끊임없이 우는 아이 때문에 잠을 자지 못해서 결국 승무원들에게 조치를 취해 달라는 컴플레인을 몇 번이나 한 것이었어요. 지금 다시 그때를 떠올려 보면 어떻게 할 수 없는 상황에 다른 승무원들도 대처하기 쉽지 않았겠다는 생각이 들어요.

그때 저는 가장 먼저 아이 옆에 계신 승객들에게 아이가 열 때문에 아파 계속 우는 상황이라는 것을 알려 드렸고, 죄송하다는 인사와 함께 잠을 이루지 못하는 승객들을 위해 밤새 따뜻한 차를 서비스했습니다. 그리고 좀 더 세심한 서비스를 할 수 있도록 다른 크루들과도 소통하며 주변 승객들을 케어해서 컴플레인을 무사히 잘 넘길 수 있었어요. 예상치 못하게 발생한 컴플레인 때문에 힘들었지만, 진심 어린 서비스가 가장 빛을 발했던 순간이기도 했습니다.

일과 삶에서 사라지는 나의 존재감

비행 근무를 하면서 가장 힘들었던 점은 정말 친하게 생각하거나 인생에서 중요하게 생각하는 지인의 특별한 일정에 함께 할 수 없다는 것이었습니다. 남들이 보기에 멋진 직업이고 또 누군가의 꿈이기도 한 이 직업이 좋았고, 기내에서 서비스하며 겪는 고충도 업무이기에 참아 낼 수 있었어요. 그러나 친구의 결혼식, 누군가의 장례식 등 기쁨이나 슬픔을 함께 나눠야 하는 순간들에 매번 이해를 구하는 것은 참 어려운 일이었습니다. 8년 동안 승무원 생활을 하면서 저 자신조차도 견디기 어려웠던 이런 일들을 진심으로 이해하지 못한 사람들과는 어느 정도 거리가 생긴 것도 사실이에요.

또, 한 가지 저를 힘들게 한 것은 불만 레터입니다. 승객들은 여행을 떠나기 전에 설렘도 있지만 동시에 약간 예민해지기도 합니다. 특히 한국인 승객들은 작고 섬세한 서비스를 받지 못하면 그

것이 점점 쌓여 결국 컴플레인을 하시는 경우가 많았어요. 크게 기억에 남는 자극적인 불만 레터를 받아 본 적은 없지만, 한국인 승객들의 소소하고 빈도수 높은 컴플레인 이유를 소개해 볼게요.

- 먹고 싶은 메뉴를 제공받지 못함(본인의 탑승 경험을 다 열거하며 화를 내는 승객도 있다)
- 앞 좌석 승객의 좌석 각도 때문에 불편함(앞 좌석 좀 세워 달라고 큰소리가 날 때도 있다)
- 비어 있는 상위 클래스 좌석으로 이동하고 싶음
- 잠든 아이를 바닥에 눕혀 놔도 안전하다고 생각함
- 옆 좌석 승객이 불편해 자리를 바꾸고 싶음
- 규정에 따른 주류 서비스가 불만스러움(여러 승무원에게 돌아가며 술 주문하는 승객도 있다)
- 기내 안전을 위해 면세품 판매를 마감했지만 그래도 사고 싶음

여러 컴플레인 이유를 소개했지만, 사실 여기에 소개할 수 없는 일들도 많았습니다. 대부분의 규정은 안전한 비행을 위해 정해진 것들인데 승객들은 개개인의 편의를 존중받고 싶어 하는 경향이 있어요. 양쪽 입장 모두 이해하지만, 회사의 한 직원으로서 정해진 규정을 전달할 때는 간혹 답답함을 느끼기도 했어요.

컴플레인 대처법

카타르항공
- 컴플레인을 경청하며 진지한 태도 유지, 진심 어린 사과하기
- 빠르게 상황 파악 후 적극적으로 대안 제시 및 해결
- 시니어 및 매니저에게 보고하기, 동료와 컴플레인 상황 공유
- 컴플레인 해결 후에도 지속적인 체크 및 리포트 남기기

중국남방항공
- 사무장에게 즉시 보고하기, 팀원들과 컴플레인 고객 정보 및 상황 공유하기
- 불편을 끼친 점에 대해 정중히 사과하기
- 컴플레인 발생 요인에 대한 상황 설명하기
- 도착 전까지 음료수, 신문, 잡지 등 각별한 서비스 제공

대한항공
- 컴플레인에 동감이 아닌 공감하기
- 안전 규정에 위반되지 않는 컴플레인(식사 초이스, 좌석 변경 등)은 합당한 이유가 있을 시 팀장 재량하에 편의 제공
- 상황 파악 후 선배 및 사무장에게 보고, 리포트 남기기
- 함께 근무하는 팀원과 상황 공유하여 추가로 발생할 수 있는 컴플레인 방지하기

크루와
함께 하는 비행

문화와 배경은 달라도 우리는 한 팀

카타르항공은 매일 새로운 크루들과 비행을 해요. 비행 전 브리핑 룸에서 처음 만나 서로 돌아가면서 자신의 이름, 국적, 비행을 한 기간, 특이 사항을 소개하면서 브리핑을 시작합니다. 저는 매번 오늘은 어떤 크루들과 일을 할까 기대 반, 걱정 반이었어요. 보스니아, 몰도바, 벨라루스 등 난생처음 들어 본 나라에서 온 동료들과 함께 일한다는 게 신기했습니다.

카타르항공에는 130개국 이상의 나라에서 온 13,000명이 넘는 크루들이 있습니다. 생김새, 문화, 언어 등 모든 것이 저와 달랐지만, 카타르항공에서 6년 가까이 일하면서 가족 같은 느낌이 들 정도로 친해진 동료들이 많았어요. 다들 모국과 가족을 떠나 카타르 도하라는 곳에 와서 같은 교육을 받고, 때로는 외롭게 비행을 하면서 끈끈함이 생겼던 것 같아요.

    카타르항공은 승무원이 원하는 비행을 미리 신청하는 비딩 Bidding 시스템이 있어서 최대 10개까지 원하는 비행을 신청할 수 있었어요. 물론 신청한 대로 100퍼센트 다 받을 수 있는 것은 아니었지만 1~3개까지는 제일 원하는 비행을 받았습니다. 저는 매달 인천 비행은 빠짐없이 신청했었고 체류 수당이 많이 나오는 북유럽 노선도 하나씩 신청했어요. 체류지에서 마사지도 받고 휴양을 하고 싶을 때는 동남아 비행 노선 위주로 신청했어요.

다시 만나 반가운 크루

중국남방항공은 팀제가 아닌 매번 같이 일하는 크루가 바뀌는 시스템이에요. 다른 크루들과 일한 덕분에 많은 외국인 승무원 동료들과 교류할 수 있었고 덕분에 다른 동료들의 다양한 문화를 알아 가는 재미가 있었어요. 하지만 다음 비행에서는 만날 수 없었기에 같이 맞춰 온 팀워크를 이어 나가지 못하는 아쉬움도 컸습니다.

하루는 저와 첫 비행을 함께 했던 승무원 동료를 3년 만에 만났었는데 그때 기뻤던 감정이 아직도 생생합니다. 서툴던 첫 비행 때와 다르게 능숙하게 일하는 서로의 모습을 보며 뿌듯해했고, 착륙 후에는 그동안 못다 했던 대화를 즐겁게 나눴어요.

입사 후 신입 교육뿐 아니라 매년 하는 훈련 기간에도 프랑스, 미국, 말레이시아, 일본 등 여러 국적의 크루들과 합숙하며 훈련을 받다 보니 금방 친구가 되어 서로 의지하면서 즐겁게 지낼 수 있었어요. 제가 처음 사귄 친구는 말레이시아 친구였는데, 신입 교육을 함께 수료하고 나서 서로 비행하느라 한동안 못보다 어느 날 같은 비행 승무조원으로 비행을 하게 되어 정말 기뻤죠.

중국남방항공은 원하는 비행을 한 달 전에 신청할 수 있어요. 3개 월에 두 번까지 신청 가능합니다. 또 승무원들 간 비행 스케줄 교환 시스템이 있어 중요한 일정이 있는 날에는 서로 양해를 구해 스케 줄을 교환합니다. 특히 원하는 비행을 동기와 같이 신청할 수 있 다는 것이 가장 큰 장점이죠. 크루들이 가장 좋아하는 시스템이에 요. 저도 동기와 함께 같은 날짜와 노선을 신청해서 비행을 함께 한 즐거운 추억들이 많아요. 동기와 비행도 함께 하고, 체류지에 서 무엇을 할지 미리 계획해 휴양을 함께 할 수 있었습니다.

25일, 한 달 운명이 정해지는 날

대한항공은 약 13~14명의 승무원이 한 팀이 되어 비행하는 팀 제로 운영되고 있어요. 동승률은 90퍼센트 이상입니다. 비행 기종이 워낙 다양하고 비행기의 근무 인력이 팀 전원이 탑승해도 부족할 때가 많아 다른 팀 승무원 일부와 조인하여 비행하거나 모두 다른 팀인 인원들이 모여 그날만은 팀처럼 서비스하기도 해요.

팀이 한 번 정해지면 1년 동안 함께 근무하게 되는데 비행 후 각 스테이션Station(도착지를 일컫는 말)에서 같이 간단한 저녁을 먹거나 도착지가 유럽일 경우 비슷한 시간에 조식을 먹기도 해서 가족보다도 더 자주 보고 가까워지기도 합니다.

그렇다 보니 팀이 좋으면 1년 동안 여행처럼 일을 재미있게 하지만, 팀원 간 사이가 별로면 일과 승객뿐 아니라 동료로부터 받는 스트레스도 상당해요.

제가 대한항공에서 근무했던 당시에는 매월 25일에 다음 달 스케줄이 공지되었어요. 일단 주어지는 스케줄 대로 무조건 비행을 가야만 했죠. 두 달 전에 신청한 휴가가 과연 반영되었을까 기대하며 스케줄을 확인했다가 실망하기를 반복하던 날들이 생각납니다.

분명 입사할 땐 swap 시스템(승무원들끼리 협의하여 스케줄을 바꾸는 제도)이 잘 시행되고 있다고 들었는데 실제로는 각 승무원의 직급이나 자격을 모두 고려해야 해서 스케줄을 변경하기가 거의 불가능했어요.

그러나 최근 동기들의 이야기를 들어 보니 조금씩 swap 시스템이 안정화되고 있다고 합니다. 여전히 일하고 있는 승무원들에게 정말 다행인 일이에요.

크루로서 지녀야 할 기본 에티켓

카타르항공
- 매너: 미소와 매너로 밝은 근무 환경 유지
- 언어: 모든 동료와 영어로 소통, 같은 국적의 동료가 있어도 자국 언어 사용은 지양
- 문화: 크루의 자국 문화 존중, 민감한 사항(종교, 정치, 특정 문화 등)의 대화 및 인종차별 발언 금지
- 팀워크: 동료의 업무를 도우며 서로 배려하기

중국남방항공
- 매너: 밝은 미소로 인사하기, 존칭어 사용하기
- 언어: 원활한 소통을 위해 중국어 회화 실력 높이기
- 문화: 관시Guanxi(인간관계)를 중시. 적극적인 자기소개와 스몰토크로 다가가기
- 식사 예절: 중국의 차茶 문화 이해하기
  - 명절: 춘절에는 크루들과 홍바오Hongbao(붉은 봉투)에 세뱃돈을 짝수로 맞춰 건네기도 함

대한항공
- 매너: 처음 만나는 브리핑 자리에서 먼저 인사 나누기
- 업무 전: 듀티 숙지 및 이행하기 위한 노력 필요
- 업무 중: 업무 및 승객 정보는 끊임없이 공유하기
- 업무 후: 개인의 휴식 시간을 존중하기, 해외 체류 기간 매뉴얼 지키기

누구도 얻지 못할
최고의 경험

처음 만난 북한 승객

수많은 비행을 하며 셀 수 없을 정도로 많은 승객을 만났지만, 아직까지도 제 기억에 생생하게 남은 승객이 있습니다.

제가 비행했던 도하-베이징 노선에 북한 승객들이 15명 정도 탑승한 적이 있어요. 그분들은 남한 사람인 저와 대화를 나누면 안 되는지 서로 대화를 하다가 제가 지나가면 멈추고 기내 서비스도 이용하지 않으셔서 승객들이 더 불편하지 않도록 다른 승무원 동료와 담당 구역을 바꿔서 서비스를 했습니다.

베이징에 도착해 승객들이 다 내리고 마지막으로 점검을 하는데 비행기 도어 앞에서 북한 승객 한 분이 기내에 다시 들어가야 한다며 다른 동료와 실랑이를 하고 있었어요. 항공 보안상 비행기에서 내린 손님은 다시 탑승할 수 없는데, 영어로 대화가 통하지 않아서 동료도 승객도 힘들어하고 있었습니다. 그래서 제가 북한 승객에게 한국어로 무슨 일인지 물었는데 기내에 탑승권을 두고 내렸다면서 꼭 필요하다고 부탁을 하시더라고요. 그래서 좌석번호를 여쭤보고 탑승권을 찾아 드렸습니다.

그런데 그 승객이 수화물 찾는 곳에서 승무원들이 다 나올 때까지 기다렸다가 저를 발견하고는 뛰어오시더니 정말 고맙다고 은혜를 잊지 않겠다고 하셨어요. 별것 아닌 사소한 도움이었고 저에게 말을 걸기가 쉽지 않으셨을 텐데 오히려 제가 더 감동이었어요.

그 이후에도 중국 노선 비행을 할 때 가끔 북한 승객들을 볼 수 있었는데 대부분이 중동으로 건설 노동을 하러 가는 분들이셨어요. 저는 뭐라도 하나 더 챙겨드리고 싶은 마음에 기내 스크린에서 볼 수 있는 한국 영화도 찾아 드리고 비행하는 동안만이라도 푹 쉬실 수 있게 더 신경 써서 서비스해 드렸습니다.

인연이 가져다 준 선물

한국에서의 어느 오프Off(쉬는 날)날, 지하철역에서 길을 헤매고 있는 중국인 모녀를 보게 되었어요. 저도 외국에 체류했을 때 지하철 노선도를 보는 게 어려웠던 적이 많아서 그냥 지나칠 수가 없었죠. 또 마침 목적지가 저의 집 방향과 같아서 길을 알려 주면서 동행하게 되었어요.

대화하다 보니 이 중국인 모녀가 한국 여행을 마치고 다음 날 북경으로 돌아간다는 것을 알게 되었어요. 정말 신기했던 게, 저도 다음 날 김포-북경 비행을 할 예정이었거든요. 그래서 혹시나 하는 마음으로 어느 항공사를 이용하는지 물어봤더니 저희 항공사였고, 심지어 제가 비행하는 항공편을 타고 돌아간다는 거예요!

많고 많은 항공편 중 제가 일하는 그 비행기라니……. 저와 그 중국인 모녀는 서로 신기해하면서 기뻐했고 그날 인사를 하고 다음 날 비행기에서 다시 만났습니다. 중국인 모녀는 제가 전날 길을 잘 알려 준 덕분에 여행을 잘 마무리할 수 있었다고 이야기 해 주었어요. 그리고 한국에서의 잊지 못할 추억을 남겨 줘서 감사하다며 미리 준비한 선물을 건네주었습니다. 게다가 비행하는 동안 저의 섬세한 서비스에 감동하셔서 '칭찬 레터'까지 작성해 주셨어요. 그때 가득 적어 주신 따뜻한 글을 보면 쉽게 지나칠 수 있는 인연도 나의 작은 친절로 인해 특별한 인연으로 이어질 수 있다는 것을 몸소 느꼈습니다. 그날 만난 손님은 제가 승무원으로 근무하는 동안 가장 잊을 수 없는 특별한 고객이 되었답니다.

비행하면서 울고 웃은 많은 추억이 있지만, 동기들과 함께 보낸 날들도 기억에 남아요. 입사 후 타지에서 서로 의지하며 보낸 나날들이었기에 더 애틋했죠. 신입 교육 수료 이후에 모두 다 같이 모일 수 있었던 시간은 매년 돌아오는 교육 훈련 기간뿐이었어요. 교육 훈련은 힘들지만 오랜만에 동기들이 다 모여 시간을 함께 보낼 수 있는 유일하고도 신나는 시간이었죠.

그중에서도 광저우에서 훈련을 마치고 홍콩, 마카오로 함께 떠난 첫 여행이 가장 기억에 남습니다. 광저우에서 기차로 약 2시간 거리였는데 마치 소풍 가듯이 수다를 떨며 동기들과 함께 가는 여행이 너무 설렜어요. 홍콩에 도착해서는 많이들 사 온다는 '제니쿠키'를 꼭 사겠다고 길게 늘어선 대기 줄에 끼어 1시간이나 교대로 기다렸어요. 다음 날에는 '성바울성당' 등 관광 명소도 가고 로마의 베네치아를 그대로 옮겨 온 것 같은 베네시안 호텔 투어도 하며 하루 동안 알차게 돌아다녔어요.

특히 마카오에서 유명한 '신무이 굴국수'를 먹으러 갔을 땐 식당을 찾는 것부터 고난의 연속이었어요. 가게가 이전한 줄도 모르고 계속 길을 헤매다 결국 찾고 나서 모두 기쁨의 소리를 질렀죠.

이처럼 잊지 못할 고객, 힘들었던 훈련, 동료들과의 여행 등 많은 추억은 저에게 소중하게 남아 있습니다.

대표님의 품격

저는 국내 항공사에서 일했기 때문에 대기업 총수나 임원들을 모시는 일이 많았습니다. 특히 퍼스트 클래스 승무원이 된 후로는 제가 비행하는 거의 모든 노선에 유명인이 탑승했어요. 언론매체에서나 봤던 분들이 제 비행에 탑승한다는 안내를 받을 때마다 신기하기도 했지만 절대 실수하면 안 된다는 생각에 조금 긴장도 됐어요. 국제 행사에 참여하기 위해 한 비행에 정말 많은 기업의 대표와 임원들이 탑승하는 날도 있었는데, 그런 날엔 도착지 호텔에 들어가 휴식을 취해도 정신을 못 차릴 지경이었죠.

한번은 A 그룹의 대표님께서 탑승하셨는데, 그동안 서비스했던 분들과는 다르게 웬만한 일은 본인이 직접 하시더라고요. 보통 작은 회사의 대표님들도 비행기에 탑승하면 다른 클래스에 있는 수행비서나 일행들에게 업무 외 사소한 일들까지 지시하는 경우가 많아요. 탑승 직후 짐 정리부터 사소한 소지품 챙기기, 심지어 본인의 개인정보를 기재해야 하는 입국신고서를 쓰는 일까지…….

그런데 그 A 그룹의 대표님은 함께 온 직원들도 다들 자리로 돌려보내고, 퍼스트 클래스 담당 승무원인 제가 규정대로 서비스해야 하는 일까지 본인이 직접 하셨어요. 탑승 후 가지런하게 짐을 정리하시고, 비행기 안에서 갈아입은 본인의 옷도 스스로 정리하셨습니다. 식사 후 휴식시간에 좌석에 이불을 까는 것조차도 직접 갤리로 오셔서 그냥 두고 가라고, 절대 깔지 말라고 신신당부하고 가시던 모습이 감동적이었어요.

비행기를 자주 타셔서인지 승무원들의 휴게 시간을 정확히 아시고 오히려 배려해 주셔서 정말 편하게 서비스할 수 있었습니다. 사실 A 그룹 대표님의 행동은 정말 사소한 것들이지만, 이런 작은 배려가 오래 기억에 남을 만큼 그렇지 못한 대표, 임원, 승객들도 수두룩해요. 이후 A 그룹 대표님을 다시 만나 뵙지는 못했지만, 정말 좋은 분으로 기억에 남아 있습니다. 영상 매체로 뵐 땐 반갑기도 하고요.

대표님, 건강하게 잘 지내고 계시죠?

일의 포상 같은
승무원 혜택

카타르항공의 폭넓은 티켓 혜택

승무원으로 일해서 가장 뿌듯했던 순간 중 하나는 항공사의 큰 직원 혜택인 가족 티켓을 사용해서 스페인으로 가족 여행을 다녀 왔을 때였어요. 마드리드, 바르셀로나를 거쳐 스페인의 소도시를 여행하면서 난생처음 유럽에 방문한 가족들에게 새로운 경험을 선물한 기억이 나네요.

그리고 제가 살던 카타르 도하로 부모님을 모셨던 것도 기억에 남는데, 낯선 곳에서도 잘 사는 모습을 보여 드려서 좋았어요. 또 제 동생이 호주에 살고 있어서 부모님이 대한항공이나 아시아나 항공의 직원 티켓을 이용해서 여러 번 호주에 다녀오셨는데 그때 승무원이 되길 참 잘했다는 생각이 많이 들었어요.

입사하고 몇 년 후에는 '친구 티켓'이 생겼어요. 친구 티켓은 승무원의 친구 10명을 등록해서 비행기를 저렴하게 탈 수 있는 어마어마한 혜택이에요. 친구 티켓을 사용해 지금의 남편인 제 남자친구를 도하로 초대해 제가 사는 곳을 보여 주고 친한 친구들과 인사도 하고 좋은 시간을 보냈어요. 생소한 중동 음식도 같이 먹으며 즐거운 시간을 보냈던 소중한 추억이 남아 있어요.

가족이 더 좋아하는 승무원 혜택

승무원 혜택인 가족 티켓으로 가족들과 상해, 광저우, 시드니에 자유 여행을 갔었어요. 자식으로서 부모님께 효도를 한 것 같아 정말 뿌듯했죠. 한번은 가족 티켓으로 여행을 가는데, 그날 비행기의 사무장님이 저를 알아보시고는 저희 가족을 비즈니스석으로 업그레이드해 주셔서 편안하게 갈 수 있었어요. 사무장님께 너무 감사했고 가족들이 좋은 자리에서 즐거운 비행을 하게 되어 보람을 느낀 하루였어요.

일하면서 한국인 승객에게 도움을 드릴 때도 보람을 느낍니다. 중국남방항공 국내선은 한 명의 한국인 승무원, 국제선은 2명의 한국인 승무원이 탑승해요. 이때 한국인 승객들이 저 덕분에 의사소통도 잘되서 편안한 비행이었다고 말씀해 주실 때가 많았어요. 이렇게 제 서비스가 승객에게 도움이 된다는 게 뿌듯했어요.

누구보다 싸게 쟁취하는 비행기 티켓

아마 전 세계 모든 승무원이 같은 생각일 거예요. 승무원으로서 누릴 수 있는 최고의 혜택은 바로 직원 티켓이라 누구보다 싸게 비행기 표를 살 수 있다는 것! 승객 예약 상황에 따라 안 될 수도 있지만, 치열한 눈치 싸움에서 이기면 승무원 본인뿐만 아니라 직계 가족까지 아주 저렴한 비용으로 비행기 표를 살 수 있습니다. 저도 제 비행 스케줄에 좋은 취항지가 나왔을 때 이 혜택을 이용해서 가족들과 함께 시간을 보냈던 적이 몇 번 있었는데 정말 좋았어요.

소소한 혜택도 있어요. 바로 '한진 제주퓨어워터'를 매달 정기적으로 받는 포인트를 이용해 구매할 수 있다는 거예요. 별거 아닌 것 같지만 기내에서 승객분들에게 이 물을 서비스해 드리면 물통도 예쁘고, 맛도 좋아서 많은 분이 꽤 만족해하셨어요. 따로 이

물을 구매해서 드시는 분이 있을 정도이니 저에게는 좋은 혜택이
었답니다.

승무원으로 일할 때, 제가 졸업한 대학교에서 학과 행사에 저를
초대해 주셨어요. 승무원을 꿈꾸며 노력했던 때가 엊그제 같은데,
어느새 저와 같은 길을 걷고 싶어 하는 후배들에게 정보를 주고 도
움이 되는 이야기를 해 줄 수 있는 존재가 되었다고 생각하니 좋더
라고요. 또 그때 저의 조언과 도움으로 회사에 입사한 후배가 있
었는데, 회사에서 그 후배를 다시 만났을 때 더욱 반갑고 뿌듯했
습니다. 그때 느꼈던 감정들이 전문적인 지식을 기반으로 교육하
는 지금의 저를 만든 것 같아요.

두 번째
커리어 준비

승무원,
퇴사를 결심하다

도하 베이스는 이제 그만! 퇴사를 결심하다

퇴사를 생각했던 순간은 정말 많았어요. 체력적으로 힘들 때나 비행에서 승객에게 컴플레인을 받았을 때도 퇴사 생각을 했습니다. 하지만 힘들었던 비행보다 즐거웠던 비행이 더 많아서 퇴사를 계속 미뤘던 것 같아요.

제가 퇴사를 결심하게 된 가장 큰 이유는 베이스가 카타르 도하였기 때문이에요. 새로운 문화권에서 생활하는 것도 즐거웠고 유럽과도 가까워서 쉬는 날 훌쩍 여행을 떠나는 재미도 있었지만, 카타르에서 평생 살 수는 없다는 생각이 강했어요. 결정적으로 '이제 한국에서 살고 싶다'라는 생각이 들어 퇴사하게 되었어요. 한국에 있는 남자친구와의 결혼을 결심하면서 자연스럽게 사직서를 냈습니다. 한국 다음으로 제일 오래 살았던, 제2의 고향인 도하를 떠나는 게 참 아쉬웠어요.

퇴사하면 대학원에 다니고 싶다는 생각을 항상 했었어요. 그래서 대학원 원서를 제출하고 휴가를 이용해서 한국에 가서 면접을 보고 한국에 오자마자 바로 대학원에 입학했습니다. 그렇게 공부도 하고 결혼도 하고 여러 가지 자격증을 취득하면서 지금까지 바쁘게 지내느라 시간이 훌쩍 지나가 버렸네요.

호텔리어와 승무원으로 12년여 동안 근무했는데, 다음에는 어떤 일을 해야 잘 할 수 있을까 고민하다 누군가에게 내가 경험한 것들을 나누어 주는 강사를 해야겠다는 생각이 들었어요. 긴 시간 서비스직에 종사하면서 다양한 사람들을 만나고 여러 상황을 경험하며 쌓은 저의 내공이 누군가에게는 큰 도움이 될 것이라고 확신했어요.

새로운 인생에 멋지게 뛰어들다!

사실 퇴사를 고민하는 동안 정말 많은 여정이 주마등처럼 스쳐 지나갔어요. 입사 이후 타지에서 보낸 시간이 힘들기도 했지만, 제 인생에서 잊을 수 없는 추억을 가장 많이 남긴 기간이기도 했으니까요.

무엇보다 한국보다 중국에서 보낸 시간이 더 많았고, 그만큼 그곳에서 저의 승무원 시절의 희노애락이 담긴 소중한 추억들이 많았어요. 그래서 퇴사와 함께 중국에서의 생활을 정리하는 것이 시원섭섭했던 것 같아요.

퇴사를 생각했던 이유는 한국에서 안정적인 생활을 하면서 사랑하는 가족, 친구들과 더 많은 시간을 보내고 싶다는 점도 있었어요. 그렇지만 결정적으로 퇴사를 결심한 순간은 제2의 꿈을 꾸었을 때예요. '20대의 거의 모든 날을 승무원이란 직업으로 살았으니 앞으로는 또 다른 새로운 일을 하면서 지금보다 더 많은 사람에게 긍정적인 영향력을 주고 싶다!'라는 생각을 하게 되었습니다. 처음에는 이러한 열망이 크지 않았지만, 시간이 흐를수록 어느 순간 제 마음속에 크게 자리 잡게 되었던 것 같아요.

사실 무언가 새로운 것을 시작할 때, 앞뒤 가리지 않고 단번에 결심을 하거나 바로 행동에 옮기는 '완벽한 타이밍'은 없는 것 같아요. 다만 스스로 새로운 것을 하고 싶고, 그 시작을 결심하게 되는 '이유'가 점차 명확해질 때, 바로 그때가 타이밍 아닐까요?

저는 그 타이밍을 놓치고 싶지 않았습니다. 그래서 승무원 생활을 하면서 한국에서 오프를 보낼 때 제2의 꿈을 위한 계획을 하나씩 세우고 실천해 나갔어요. 그 결과 준비하는 과정에서 새로운 삶에 대한 용기와 확신이 생겼고, 퇴사를 결심하게 되었습니다.

안녕히 계세요 여러분!
저는 '충만한 삶'을 찾아 떠납니다!

6살 때부터 유일무이했던 승무원이라는 꿈을 갖고 살던 어느 날, 제가 다니던 대학교에서 1,000여 명의 학생이 모여 연사의 강연을 듣는 시간이 있었어요. 강연의 내용보다 강연자를 보며 '저런 자리에 서서 말하면 기분이 어떨까? 나도 저렇게 이야기하는 사람이 되고 싶다'라는 생각을 했고, 그렇게 가슴 뛰는 두 번째 꿈이 생겼어요.

긴 시간 준비한 승무원 면접, 우여곡절 끝에 입사한 꿈의 항공사, 자부심과 애정으로 한 비행 생활……. 모든 것이 즐겁고 재미있었고 매월 주어지는 비행 스케줄을 정신없이 소화하면서 시간은 쏜살같이 흘러갔습니다.

대한항공 입사 후 2년이 지나자 인턴에서 정직원으로 자격이 변경되었어요. 일정 시기에 상여금도 받고 저 스스로 더욱 안정적인 직장인이 된 것 같았죠. 상위 클래스 서비스 자격을 취득한 뒤에는 비즈니스 클래스, 퍼스트 클래스에서 새로운 업무를 하며 나름의 보람도 느꼈지만, 근무 내내 내 삶의 주인공이 내가 아닌 것 같은 느낌이 들었어요.

흔히 1, 3, 5년이나 3, 6, 9년 주기로 퇴사 욕구가 온다지만 그렇게 간단히 치부하기엔 퇴사를 고민하는 저의 포인트는 너무나 명확했습니다. '좀 더 자유롭게 스케줄을 계획하고 생각하며 매 순간 발전하는 일을 하고 싶다. 치열하게 일하고 얻는 성취감을 발판으로 앞으로 나아가는 충만한 삶을 살고 싶다.'

대학교 때 갖게 된 두 번째 꿈이 제 삶을 충만하게 만들지 확신할 수는 없었지만, 새로운 도전을 할 시간임은 분명했습니다.

이직을
준비하는 자세

30대에 시작하는 빌드업

　카타르에서의 시간은 한국에서보다 더 빨리 흘러갔습니다. 매달 20일쯤 받는 다음 달 스케줄과 그 후에 받는 월급을 기다리다 보면 금세 한 달이 지나갔고, 겨울인 나라에서 여름인 나라로 비행하며 매일 바뀌는 시차 속에서 살다 보니 시간의 흐름을 정상적으로 느낄 수 없었죠. 그렇게 2012년에 제가 처음 한국을 떠나면서 계획했던 2년보다 훨씬 긴 6년에 가까운 시간 동안 승무원으로 일했습니다.

　저는 비행이 정말 재미있었고, 특히 적지 않은 나이인 29살에 승무원의 꿈을 이루었으니 감사한 마음으로 비행마다 최선을 다해 모든 승객에게 좋은 인상을 남기려고 노력했어요. 그 덕분인지 운이 좋게 승객들로부터 칭찬 레터Appreciation letter(승객이 우수한 승무원을 칭찬하는 내용을 담아 회사 또는 승무원에게 전달하는 것)도 많이 받고 함께 비행하는 사무장과 주기적으로 비행에 탑승해 승무원들의 근무 태도를 점검하는 체커Checker들로부터 좋은 평가도 받을 수 있었습니다.

그 결과 '패스트 트랙Fast track'이라고 부르는 초고속 승진을 할 수 있었어요. 보통 전직 승무원들만 대상으로 하는데 한국인 중에서는 최초로 호텔 경력만으로 초고속 승진의 기회를 얻을 수 있었습니다. 그래서 이코노미 클래스에서는 단 10개월만 근무하고 바로 프리미엄 클래스 교육을 받은 뒤 비즈니스 클래스와 퍼스트 클래스에서 근무했습니다.

연차에 비해 높은 연봉, 법으로 정한 비행 시간을 초과했을 때 받는 초과 수당 보너스 덕분에 주머니뿐만 아니라 제 마음까지 든든해졌어요. 운 좋게 승진도 일찍 하고 만족스러운 급여에 회사 복지도 한국에 비하면 훌륭한 수준이었어요. 하지만 혼자 지내는 시간이 많아지고 카타르에서 언제까지 살 수 있을까 하는 미래에 대한 불안감이 생기기 시작하면서 자연스럽게 이직을 고려하게 되었습니다.

'내가 지금 승무원을 그만두면 무슨 일을 할 수 있을까? 지금까지 했던 일 중에서 가장 재미있는 일이었는데 또 어떤 일을 즐겁게 할 수 있을까? 내 나이도 이제 30대 중반인데 나이가 들수록 더 인정받는 직업이 있을까?' 이런저런 고민 끝에 결국 제가 12년 동안 서비스 제공자Service provider로서 일했던 경험을 다른 이들에게 나누어 주는 일에 관심을 갖기 시작했어요.

　제가 호텔에서 근무했을 때 수많은 종류의 서비스 교육을 받았었는데 강사 대부분이 외부에서 투입된 서비스 강사였어요. 스케줄 근무도 바쁜데 일하는 도중에 틈틈이 받아야 하는 교육이 귀찮고 지겨워서 반기지 않았었죠. 그런데 간혹 몇몇 강사들은 서비스업 근무자들의 고충을 제대로 알고 지식도 많을 뿐 아니라 지루하지 않게 교육을 이끌어 갔어요. 지겹다고만 생각했던 교육에 흥미를 느끼게 하고 자연스럽게 사람들의 참여를 유도하는 모습이 정말 프로 같았습니다.

　호텔에서 여러 고객을 응대하고 스케줄 근무로 바쁜 일상에서 가끔 제대로 된 교육을 받을 때면 의무로 때우는 시간이 아니라 휴식 또는 자기계발을 하는 시간이라고 생각했어요. 그리고 교육을 여러 번 받아 보니 강의를 듣는 사람의 입장뿐만 아니라 교육을 제공하는 사람의 입장도 생각하게 되더라고요. 나도 열심히 내공을 쌓아서 언젠가는 사람들 앞에 당당히 서서 내 경험들을 나누고 도움을 주는 사람이 되어야겠다는 꿈을 꾸기도 했어요.

　이직을 생각했을 때 오래전 그 꿈이 다시 떠올랐고 카타르항공에서 받았던 수많은 교육도 다시 되돌아보기 시작했어요. 카타르항공은 영어가 공용어지만 영어가 모국어가 아닌 직원들이 대부분이었습니다. 교육을 받는 승무원뿐만 아니라 교육 강사도 원어민이 아닌 경우가 많았기 때문에 각자 다른 영어 억양을 가지고 있었어요. 과연 제대로 된 교육이 가능할까 하고 의심이 들 때도 있었죠.

하지만 신입 교육이나 비행 자격 갱신 강의에서 만난 강사들은 혼자 떠들지 않고 교육생들을 참여시키고 집중하게 만들어 자연스럽게 분위기를 이끌어 갔어요. 각기 다른 문화권에서 온 승무원들이었지만 제대로 된 강사의 전문적인 교육으로 인해 하나의 팀이 될 수 있었습니다. 저 또한 사람들을 하나로 이끄는 사람이 되고 싶었고, 강사라는 직업에 대해 적극적으로 알아보며 미래에 대한 계획을 만들어 나갔어요.

대학원 진학은 오래전부터 생각했던 일이었습니다. 저는 배움에는 나이가 없고 평생 공부해야 한다고 생각하거든요. 지금까지 호텔과 항공사에서 쌓은 실무 경험을 바탕으로 이론적인 지식까지 쌓고 싶어서 관광학과에 진학하기로 했습니다. 퇴사 전에 미리 대학원 입학 원서를 제출하고 휴가를 내 면접을 볼 수 있었어요.

면접에서는 지원서를 바탕으로 앞으로 연구하고 싶은 주제나 경력에 관한 질문 등을 받았습니다. 중동 음식에 대한 질문도 받았어요. 관광대학원은 항공사, 호텔, 여행사 등에서 일한 경험이 있는 학생들이 많고 일과 공부를 병행하는 학생들이 대부분이에요.

새로운 사람들과 함께 하는 학교생활은 정말 즐겁습니다. 다시 학생이 돼서 학교 캠퍼스를 누빈다는 것 자체도 기분이 좋고요. 석사 학위가 강사가 되기 위한 필수조건은 아니에요. 다만 강사라는 직업이 끊임없이 배우고 연구해야 하는 직업이고 내가 가진 지식을 사람들에게 효율적으로 전달해야 하기 때문에 자기계발을 위해 대학원 진학을 하는 기업 강사나 사내 강사들이 많습니다.

한국에 돌아와 잠시 쉬다 서비스 강사 양성 학원에 등록했어요. 한 달간 CS강사 실무 과정을 배우면서 세 번의 시범 강의를 했고, 여러 종류의 민간 자격증과 국가공인자격인 SMAT(Service Management Ability Test의 약자) 1급(컨설턴트) 자격증을 취득했습니다.

현재는 강사로 일하며 동종업계 강사들이나 학생들을 만나 새로운 인맥을 쌓고 있는데, 이를 잘 관리하고 좋은 관계를 유지하려고 합니다. 현재는 강사라는 타이틀로 일하고 있지만 제가 앞으로 또 어느 방향으로 이직을 할지 모르잖아요? 인연을 소중히 여기는 사람 옆에 결국은 좋은 사람들이 남는다는 것을 알기 때문에 앞으로도 사회생활에서 만나는 모든 사람을 소중히 여기고 저 또한 좋은 인상을 주기 위해 노력하려고 합니다.

CS강사로 새롭게 태어나다

승무원은 제가 원했던 직업이자 처음으로 이룬 꿈이었어요. 비행하며 다소 체력적으로 힘든 적도 있었지만 매일 다양한 사람들을 맞이하며 서비스하는 일은 정말 즐거웠습니다. 무엇보다 그 과정에서 소통의 즐거움과 새로운 경험을 얻을 수 있었고, 활동적인 것을 좋아하는 제 적성에도 잘 맞았어요.

특히 많은 사람들에게 도움을 준다는 것에 가장 크게 보람을 느꼈고, 모든 승객에게 최고의 서비스를 하기 위해 매 순간 최선을 다했습니다. 그 결과 운이 좋게 한국인 대표 우수 승무원으로 선정되는 좋은 성과를 얻을 수 있었고, 한국 매거진에서도 중국 항공사 대표로 인터뷰 및 촬영을 하는 기회도 얻게 되었습니다.

그래서 제가 승무원의 일을 그만두게 되었을 때 주변에서는 전혀 예상하지 못했다며 많이 놀라셨던 것 같아요. 저 또한 "왜 일을 그만뒀어?"라는 질문을 받았을 때 쉽게 대답하기가 어려웠죠. 단지 일이 힘들어서 그만둔 것은 아니었거든요. 승무원으로서 일하면서 큰 보람을 느낀만큼 퇴사를 결심하는 데 많은 고뇌와 고민이 따랐습니다.

서른 살이 되면서 그 고민은 더 깊어졌던 것 같아요. 오랜 기간 서비스직에 있다 보니 이제는 나만의 '전문적인 일'을 주체적으로 해 보고 싶다는 생각이 들었죠. 지금 내가 정체되어 있는 건 아닌지 되돌아봤습니다. 그렇게 더 성장할 수 있는 계기를 만들고 싶다는 생각으로 이직을 본격적으로 고려하게 되었어요.

고민 끝에 '전문적인 일'과 '성장', 이 2가지 요인을 충족하는 직업이 CS_{Customer Satisfaction}강사라고 생각해 관심을 두게 되었어요. 여기서 CS는 '고객 만족'을 뜻합니다. 즉, 서비스산업 종사자들의 역량을 강화해 우수한 서비스를 제공하도록 교육하고 컨설팅하는 직업입니다.

서비스라는 공통분모가 있지만, 강사라는 직업은 또 다른 분야로의 새로운 도전이었기 때문에 더 철저한 준비가 필요했어요. 그래서 이직을 위해 가장 먼저 준비한 것은 바로 전문적인 지식을 쌓는 일이었습니다. 우선 서비스 강사의 역할과 활동 범위, 자격요건 등에 대한 정보를 취합했고, 자격요건을 충족하기 위한 계획을 하나씩 세웠습니다.

계획의 첫 단추인 강사의 자격요건을 갖추기 위해 강사 양성학원에 등록했어요. 처음 학원에 갔을 때의 설렘이 아직도 생생하게 떠올라요. '과연 내가 잘 할 수 있을까?' 하는 두려움도 있었지만, 새로운 도전에 대한 기대감도 가득했습니다. 학원에는 강사 역량에 필요한 여러 이수 과정이 있었고, 스스로 부족한 부분은 추가 등록하여 배울 수 있어서 큰 도움이 되었어요.

강사 양성 학원에서 같은 꿈을 가진 지은, 샛별 강사님을 만나 좋은 인연이 되어 이렇게 우리의 에피소드가 담긴 책을 쓸 수 있게 된 것도 어떻게 보면 누구보다 치열하게 고민하고 망설이지 않고 새로운 모험에 뛰어드는 열정이 있었기 때문이 아닐까요?

나의 강점을 찾아 자격증을 취득하자

강사 과정을 이수하면서 더 나아가 관련 자격증을 취득하기 위해 노력했습니다. '어떤 자격증을 취득해야 도움이 될까?'에 대한 고민을 많이 했던 것 같아요. 강사가 된 지금은 여러분께 자격증을 '많이' 취득하는 것보다 핵심 자격증을 취득하고 난 후 실무 경험을 갖추는 것이 더 중요하다고 말씀드리고 싶어요.

그런데 사실 그 당시의 저 또한 CS강사의 역량을 갖추려면 어떤 자격증을 취득해야 하는지 아는 것이 없어 시작이 막막했었어요. 그래서 저처럼 서비스 분야의 경력을 쌓아 강사가 되려는 분들의 고민을 덜어 주기 위해 가장 중요한 준비단계를 알려드리고 싶어요.

CS 관련 자격증은 민간 자격증과 국가공인 자격증이 있습니다. 저는 자격요건을 갖추기 위해 한국직업능력개발원이 인증한 양성 기관을 알아보았고, 그중 하나를 선택해 자격 과정을 수료했어요. 자격증은 자격요건에 부합하는 학습시간 및 시험을 통해 취득할 수 있어요.

자격증의 종류는 매우 다양한데 저는 제 강점인 CS 역량을 특화 하여 CS컨설턴트, 서비스리더, 이미지컨설턴트, 감정노동관리사, 스피치지도사 등을 취득했습니다.

기본적인 자격증을 취득한 후에도 조금 더 전문적인 공부가 필 요하다고 판단했고, 경쟁력 있는 국가공인 자격증을 알아보게 되 었어요. 그래서 첫 번째로 취득한 자격증은 SMAT 1급 컨설턴트 예요.

SMAT 1급 컨설턴트는 비즈니스 매너/에티켓, 이미지 메이킹, 커뮤니케이션, 고객관리 등 서비스 현장에서 필요한 역량이 과목 으로 구성되어 있어요. CS강사를 준비한다면 꼭 취득하길 추천합 니다. 저도 당시에 공부한 내용을 현재 실무 현장에서 매우 유용 하게 활용하고 있습니다.

그리고 비대면 서비스 업무에 요구되는 전문적인 지식의 중요 성을 높게 생각해서 텔레마케팅관리사를 취득했어요. 앞으로도 다양한 직군에서 원거리 정보통신을 통해 서비스를 제공하는 일이 굉장히 많아질 것이기 때문에, 그런 면에서 경쟁력이 높은 자격증이라 생각해요. 저는 이 자격증을 취득하고 나서 텔레마케팅 강의를 진행할 때 해당 교육 대상자들의 업무를 이해하는 데 다방면으로 큰 도움이 되기도 했어요.

텔레마케팅관리사는 매년 3~4회 정도의 시험이 있으며 필기시험과 실기시험으로 구성되어 있어요. 필기시험은 특히 생소한 마케팅 용어가 많아서 기본적인 이론과 개념을 이해하는 것이 필요해요. 실기시험의 경우 서술형으로만 구성되어 있으니 상황별 스크립트를 정리하며 중요한 문구는 반복하여 외우는 것이 가장 효과적인 방법입니다.

시범 강의는 실전처럼!

강사 준비를 하면서 가장 많이 준비하고 노력했던 부분은 시범 강의가 아닐까 해요. 사람들 앞에서 이야기를 전달하는 일이 강사의 주 업무기 때문에 현장에서 실력을 발휘할 수 있는 실전 연습이 무엇보다 중요합니다.

이런 점은 승무원 일과 공통된 부분이기도 해요. 승무원이 이론적인 서비스 업무뿐만 아니라 실제 현장에서 발생하는 상황들에 대비하는 연습 비행의 과정을 거쳐야 하듯이, 강사 또한 현장에 나가기 전 많은 시범 강의를 통해 단련하는 것이 매우 중요합니다. 그래서 스터디에서 시범 강의하는 모습을 동영상으로 촬영해 피드백을 받으며 부족한 부분은 연습하며 개선해 나갔어요.

시범 강의를 준비하면서 짧은 강의 교안을 만드는 데에도 정말 많은 책을 읽고 정보를 습득해야 하며, 교육 자료 제작에도 많은 시간과 노력을 투자해야 한다는 것을 느꼈어요. 강사의 멋있는 이면에는 많은 시간과 노력, 그리고 열정이 필요하다는 것을 몸으로 직접 깨달았죠. 이렇게 시범 강의를 통해 '실전'처럼 준비하면서 강사라는 꿈을 향해 한 발자국 더 나아갔습니다.

준비의 결실, 첫 기회를 잡다

이직을 준비하던 중 마침 목표했던 기업에서 CS강사 채용 공고를 냈어요. 당시 면접 강의 주제는 자동차 판매 관련 주제였습니다. 첫 면접이라서 더 떨렸고, 어떤 내용으로 구성해야 할지도 막막했어요.

면접 준비를 위해 제가 가장 먼저 한 일은 매일 도서관에 가서 세일즈 관련 도서를 읽고 지식을 쌓는 일이었어요. 강사는 관련 분야에 대한 전문적인 지식을 갖추고 있어야 고객에게 신뢰를 줄 수 있어요. 그다음에는 판매와 관련된 일을 하는 사람들을 직접 만나 인터뷰하며 현장을 이해하려고 노력했습니다. 그리고 책뿐만 아니라 관련 기사, 신문, 잡지 등을 매일 읽으며 각 분야의 판매왕을 다 알 정도로 정말 많은 공부를 했어요.

그렇게 매 순간 최선을 다해서 공부한 뒤 차별화된 교안을 만들 수 있었고, 면접에서 떨지 않고 자신 있게 강의할 수 있었어요. 면접 결과는 좋았고, 저는 그렇게 대기업 사내 CS강사로 새출발하게 되었습니다. 지금도 가끔 그때의 면접 준비 과정을 떠올리며 초심을 잃지 않으려고 해요. 준비된 자만이 기회를 잡을 수 있습니다.

STEP BY STEP

'나는 늘 미래를 계획하는 현재진행형 사람이다.'

아주 길다고도, 그렇다고 짧다고도 할 수 없는 8년의 경력. 제 30년 남짓한 인생에서 가장 길게 근무한 경력입니다. 어렵게 항공사에 입사해 놓고 전직한 저의 경험이 누군가에게 꼭 도움이 되길 바라는 마음으로 무엇을 어떻게 이야기할지 고민을 거듭한 끝에 이 글을 씁니다.

저는 17년 넘게 하나의 직업을 소망했고 꿈의 회사에 입사했어요. 하지만 누구보다 빠르게 퇴사를 꿈꿨고, 오랜 시간 천천히 퇴사를 준비했습니다. 현재 전혀 다른 분야에서 일하는 지금의 저는 전직 경험을 영양분으로 삼아 계속해서 성장하고 있습니다.

저는 사실 퇴사를 준비할 때 이직이나 전직보다 꽤 긴 시간 근무했던 대기업을 그만두는 준비부터 했어요. 언제까지 위험한 일을 할 거냐며 지상에서 일하는 직장을 찾으라고 늘 노래 부르던 아빠도 제가 퇴사하겠다고 말하자 어렵게 들어간 직장을 왜 그만두냐며 놀라셨고, 긴 시간 회사에서 인연을 맺은 선배 사무장님들도 요즘 같이 취업이 어려운 시기에 왜 회사를 그만두냐며 여러 번 만류하셨죠.

요즘 세대가 저마다의 이유로 퇴사를 마음먹을 때 어른들은 요즘 젊은이들은 끈기가 없다, 싫고 어려운 걸 참는 것이 어른이다, 아직 세상 물정을 모른다는 말을 하곤 해요. 사실 평생직장은 이미 오래전에 없어졌는데.

코로나19 때문에 요즘 항공이나 관광업계의 사정이 좋지 않지만, 승무원을 꿈꾸고 준비하는 학생들은 여전히 많습니다. 승무원이라는 직업에 관심을 가진 대학생들을 만나면 처음에는 어떻게, 무엇을 준비해야 승무원이 될 수 있는지 물어요. 그런데 여기서 그치지 않고 나중에 승무원을 그만두면 그 경력으로 어떤 다른 일을 할 수 있는지에 대한 관심도 많습니다.

쏟아지는 질문들 사이에서 제가 할 수 있는 대답은 '승무원 경력을 인정받고 관련성 있게 이어 갈 수 있는 직업은 사실 많지 않다'입니다. 국내 대형항공사 승무원 경력을 인정받는 일은 저비용 항공사의 경력직 승무원이나 외국 항공사 승무원, 대기업 전용기 승무원(치열한 면접 과정을 다시 치러야 한다), 사내·사외 서비스 강사, 항공 관련 학과 교수(다시 학업의 과정을 거쳐야 하는데 이것마저도 이미

레드오션이다) 정도예요.

퇴사 시점을 어렴풋이 정해 두고 비행 근무를 하는 내내 앞서 말한 승무원 관련 업종을 선택하지 않는 이상 지금 제 경력은 사실상 무의미하다는 생각이 들었어요. 두 번째 직업을 찾기 위해 여러 경우의 수와 가능성을 고려했습니다. 제가 퇴사를 준비하며 성공적인 이직 또는 전직을 위해 고민했던 생각들을 정리해 봤습니다.

① 나 자신을 객관적으로 바라보자

기술직이 아닌 서비스직을 선택한 시간을 다시 반복하지 않기 위해서 모든 가능성과 상황을 자신에게 던지는 질문을 통해 자신을 객관적인 관점으로 바라보고 명확하게 판단하는 것이 중요합니다.

저는 '회사를 그만두고 싶은 정확한 이유가 뭐야?'란 물음에 단순히 반복되는 업무가 지겹다거나 체력적으로 힘들다는 즉흥적인 이유를 대는 것은 어른스럽지 못하다는 생각을 했어요. 그리고 혹시라도 누가 물어봤을 때 질문한 사람과 저 모두 납득할 만한 이유를 찾으려고 했습니다.

그래서 매일 저 자신에게 질문했어요. 오늘의 비행이 비교적 쉬웠으니까, 오늘의 승객이 무난했으니까, 오늘의 비행 동료들과 함께 보낸 시간이 즐거웠으니까 이 직업을 계속할 가치가 있는지.

　내가 잘하는 것과 좋아하는 것에 대해서도 고민했습니다. 좋아하는 일을 잘하기까지 하면 더할 나위 없겠지만, 만약 그렇다고 해도 그것을 직업으로 삼을 수 있을지 분명히 할 필요가 있었어요. 좋아하는 일만 하면서 살 수 없다는 것을 마음에 새기고 좋아하는 일을 위해 못하거나 하기 싫은 일을 해낼 마음의 준비가 되어 있는지 끊임없이 확인했습니다.

　현실로 만들 수 있는 목표와 무한정의 시간이 주어져도 불가능한 것을 구분하는 것도 중요해요. 직접 경험하거나 교육을 통해 배운 지식에 노력을 추가해서 이뤄 낼 수 있는 일의 한계는 어디까지인지, 새로운 과정을 거쳐 이뤄 내고 싶은 모습은 정확히 나에게 어떤 의미가 있는지, 너무 늦었거나 불가능한 꿈을 꾸는 것은 아닌지를 명확하게 구분하기 위해 저의 가능성에 대해서도 객관적으로 판단하고자 노력했습니다.

　이런 시간을 통해 내가 할 수 있는 공부, 해내고 싶은 공부, 퇴사해야만 하는 이유를 찾아 정리했어요. 누가 물어도 한 문장으로 이야기할 수 있도록 말이에요.

　당시 굉장히 보수적이었던 회사 문화 때문에 저는 한 명의 직원으로 존중받지 못한다는 느낌을 받았고, "왜?"라는 질문을 수없이 반복하게 하는 알 수 없는 성과평가 결과와 성장 없는 반복 업무가 제 소중한 시간을 갉아먹는 것 같았어요. 절이 싫으면 중이 떠나야죠.

② 현재 내가 원하는 것이 직업이라면
어떤 가치를 실현하는 사람이 되고 싶은지 구체적으로 생각하자

저는 다른 사람에게 정보를 전달하는 사람이 되려면 특정 분야에서 인지도 있는 전문가로 먼저 자리매김해야 한다고 생각했어요. 그런데 제 학창시절 관심사는 온통 과학적 원리를 동반한 이공계 지식이었고, 승무원이 된 후에는 서비스 최일선의 현장에서 8년을 근무했어요. 대체 어떤 사람들과 어떤 가르침의 시간을 공유해야 할지, 나는 무엇을 좋아하며 어떤 지식을 기반으로 말을 하고 싶은지도 몰랐어요. 더 나아가 세상 사람들은 어떤 정보에 관심이 많은지, 무엇을 배우고 싶어 하는지도 파악할 수 없었죠.

그래서 새로운 분야를 공부하기 전에 먼저 현재 몸담은 서비스 분야에서 실무와 지식을 겸비한 전문가가 되는 것도 좋은 시작이라고 생각했어요. 일단 서비스 교육 관련 자격증 공부부터 시작하기로 했죠. 이왕이면 민간이 아니라 국가에서 인정하는 자격증으로요.

오프날에는 이론 정리와 기출문제 오답노트를 만들었고, 장거리 비행 중 쉬는 시간이나 비행이 끝난 후에도 시간을 쪼개어 공부했습니다. 학창시절에는 공부를 요령 없이 했었는데, 각종 자격증을 취득하기 위해 여러 객관식·논술형 시험을 치르면서 공부의 재미와 방법을 알게 되었어요.

대표적인 서비스 국가공인 자격증SMAT, CS Leaders을 취득하고 나니 다른 자격증에도 관심이 생겼어요. 그래서 교육할 때 어떤 이론을 녹여 강의해야 더욱 영향력 있을까 고민하다 우연히 알게 된 국가공인 브레인트레이너 자격증에 도전했습니다. 제가 앞으로 어떤 교육을 할지 모르지만, 남녀노소 누구에게나 트레이닝 도구로 사용할 수 있을 것 같았어요. 그리고 개인적으로 뇌 과학에 흥미를 느꼈거든요.

브레인트레이너 자격증 시험은 1, 2차로 나누어져 있어요. 1차는 객관식 시험, 2차는 실제 브레인트레이닝과 관련된 교육계획을 작성하여 제출하는 서술형 시험이에요. 대상과 조건이 각각 다른 상황에 적합한 교육법이나 이론을 제시하는 과정이 기획력이나 창의력이 부족한 저에게는 정말 어려웠지만, 현재 다양한 교수법에 녹일 수 있어 공부한 보람을 느낍니다.

또 서비스 소비자들의 입장을 고려하고, 소비재와 관련된 법을 잘 알면 이성적이고 설득력 있는 강의를 할 수 있을 것 같아 소비자전문상담사 국가 자격증도 취득했어요.

소비자전문상담사 시험 역시 1, 2차로 나누어져 있어요. 1차는 객관식, 2차는 과거에 있었던 소비자 분쟁 문제의 해결 방안을 서술하는 서술형 시험입니다. 각종 법을 공부하는 일이 결코 쉽지 않았지만 이 공부가 저의 학습적 한계를 한 단계 끌어올리는 계기가 되었습니다.

여러 자격증을 취득하고 틈나는 대로 수많은 강사와 유명 강연자의 강의들을 찾아 들으며 '학문적 지식을 기반으로 나의 경험과 배움을 녹여 청자에게 인사이트와 유쾌함을 주는 전문가가 되자'라는 목표가 생겼습니다.

③ 나의 삶을 디자인하고 꼼꼼하게 계획하자

저는 미래에 대한 계획을 세우고 실천하기 위해 노력할 때 가장 생산성이 넘치고 저의 성장에 뿌듯함을 느껴요. 졸업 전 반드시 취업하겠다는 뚜렷한 목표가 있었던 대학 시절에도 그랬죠. 저는 줄곧 어떤 일을 하기 전에 계획을 세우는 것을 즐겼고 실패하지 않기 위해 정보를 충분히 알아보는 편입니다.

퇴사 이후의 삶에 대해 고민하며 여러 자격증을 알아볼 때도 가능하면 단기간에 공부를 끝낼 수 있도록 유사한 시험 과목이 있는 것들로 분류했고, 일단 시험을 치르고 나면 남은 시험에 바로바로 집중할 수 있도록 계획을 세웠어요. 제가 꿈꾸는 미래에 의미 있는 일을 하는 직장인의 모습도 있지만, 유창한 외국어 실력을 갖춘 모습이나 건강한 취미 생활과 운동을 즐기는 모습도 있으므로 그 모든 것들도 함께 이루고 지켜 나갈 수 있게 다양한 분야로 계획을 세우는 일도 게을리하지 않았습니다.

저는 평소에도 스케줄러에 직접 계획한 일정을 기록하는 걸 좋아해요. 제가 장기간 계획을 세울 때 사용하는 툴이 있는데, 바로 '라이프 밸런싱 휠Life balancing wheel'이에요. 라이프 밸런싱 휠은 1년 목표를 기획하고 가시적으로 확인하기에 참 좋은 도구예요.

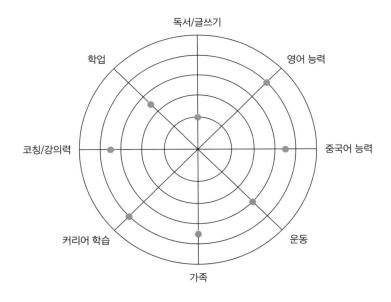

위 그림처럼 지금 내 삶에 중요한 가치가 있는 일, 꼭 이뤄 내고 싶은 목표를 적고 내가 생각하는 현재 점수에 점을 찍어 선으로 이어 보세요. 그리고 목표로 하는 점수에도 점을 찍어 선으로 이어 보면 현재와 목표의 갭을 확인할 수 있어요.

또 '만다라트'를 작성하며 좀 더 구체적인 목표를 설정하고 그것

을 이뤄 가는 과정에 얼마나 작고 큰 점들이 모여 나의 인생에 선
으로 표현되는지 확인할 수 있습니다.

	1			2			3	
			1	2	3			
	8		8	★	4		4	
			7	6	5			
	7			6			5	

　일본의 유명 야구선수 오타니 쇼헤이도 이 만다라트로 목표를
세우고 실천해 화제가 됐었어요. 만다라트는 가장 이루고 싶은 하
나의 목표를 달성하기 위한 총 64개의 작은 실천사항들을 계획할
수 있습니다. 저도 만다라트 덕분에 계획 수정, 퇴사 후 하고 싶은
일, 할 수 있을 것 같은 일을 남들보다 빠르게 설정할 수 있었어요.
　삶의 모든 부분을 계획적으로 살 순 없겠죠. 예기치 못한 상황

은 언제든 펼쳐질 수 있고 계획했던 게 마음먹은 대로 실천되지 않을 때도 있잖아요? 하지만 퇴사와 이직만은 반드시 철저한 계획이 필요하다고 생각해요. 퇴사 후 쉬며 여유를 갖는 것도 일정 기간을 정해 두고 쉬는 것이 아니라면 다시 시작할 중요한 타이밍을 놓칠 수도 있어요. 회사와 나는 그저 계약서 한 장으로 연결된 계약관계지만 그 계약이 끊어진 뒤의 시원한 해방감은 잠시일 뿐이에요.

회사가 지옥처럼 느껴질 때도 있겠지만, 회사 밖 또한 전쟁터이니 전쟁터에 나오기 전에 반드시 충분한 시간을 들여 계획을 세워야 합니다.

④ 나만의 전문 분야를 찾아 전문가가 되자

승무원으로 일하면서 서비스 실무 경험은 충분히 쌓았고 여러 자격증을 취득하며 전문 지식도 갖춰 CS강사로 강단에 서는 두려움은 없었어요. 바닥부터 시작한다는 생각으로 많은 컨설팅 회사의 면접을 봤고 강의도 시작할 수 있었죠. 나만의 새로운 전문 분야를 찾는 노력도 게을리하지 않았습니다.

국내외 기업의 교육 문화에 대한 자료를 찾아보다 유명 외국 기업들은 사내 코치를 영입해 직원들에게 '코칭Coaching(개개인이 지닌 능력을 최대한 발휘해 목표를 이룰 수 있게 돕는 일)'을 한다는 것을 알게 됐어요. 이 코칭이란 게 대체 무엇인지 궁금해졌죠. 코칭이 무엇인지, 얼마나 좋은 것인지 직접 신청하여 경험해 보니 매일매일 놀라움의 연속이었어요.

개인의 잠재력을 믿어 주고 정답을 주는 대신 스스로 더 나은 방향을 선택할 수 있게 돕는 것, 과거의 문제점을 캐내기보다 미래에 지향점을 두고 생각을 열어 자신의 내면을 돌아보게 하는 것. 이런 코칭의 메커니즘이 정말 매력적이었습니다.

그동안 공부하면서 사람의 내면을 탐구하는 일에 관심이 많았었는데, 자신의 문제를 스스로 해결하려는 의지가 있는 사람들을 돕는 코칭이 저와 참 잘 맞는다고 생각했어요. 그래서 코칭 관련 대학원에 진학했습니다. 사회과학과 교육학을 공부해 보니 이 길로 오길 참 잘했구나, 싶었어요. 교육학 석사를 취득하며 조직 구성원을 위한 코칭 모델도 만들어 보고, 학위 논문으로 국제 학술대회에 참가하고 학술지에 기고하며 더 큰 세상을 경험했습니다.

이후 여러 스타트업 기업에서 코칭을 진행하면서 개인의 대인관계 방식과 업무 처리 방식에 대해 심층 분석하는 '버크만 검사'를 깊이 있게 공부해 현재는 버크만 검사 전문 강사로 꽤 많은 대기업 및 기관에 컨설팅과 강의를 나가고 있습니다.

조직에 몸담은 구성원들이 만족스러운 삶을 유지할 수 있게 돕고 조직과 구성원 간의 이해관계를 올바르게 정립하는 것이 결국 좋은 조직 문화를 만든다고 생각해요. 저는 여기서 조금 더 나아가고 싶어 인적 개발 연구, 조직 개발을 공부하며 학업을 계속 이어 나갈 생각입니다. 긴 공부의 끝에 어떤 결과가 있을지 알 수 없지만, 제가 선택한 분야의 전문가가 되기 위한 노력은 지금도 현재진행형이에요.

대부분의 '예비 퇴사자'가 적극적인 이직 준비가 어려운 환경에서 일하는 것을 알고 있어요. 하지만 끈기를 가지고 노력한다면, 조금만 더 부지런해지겠다고 마음먹는다면 불가능한 것은 없습니다.

다른 승무원들의
이직 준비

현실 안주 대신 다른 꿈을 찾는 승무원들

　중동에서 승무원으로 3년 이상 버틴 사람은 어디를 가도 살아 남을 수 있을 거라고 말합니다. 세금을 제하지 않은 월급을 받고 야외 수영장, 스파, 스쿼시 코트가 있는 고급 리조트 같은 승무원 숙소에서 공과금도 내지 않고 지내는 게 편해 보일 수도 있겠지만 이슬람 국가에서 다양한 인종의 동료들과 함께 비행하는 생활이 생각보다 녹록지 않거든요.

　낮과 밤의 구분 없이 사는 복잡한 일상에서 주변 사람들의 안 부를 묻고 경조사에 참여하는 보통 사람들의 당연한 일들이 나에 겐 당연하지 않을 때 사람 구실을 못하는 것 같다는 자책도 하게 돼요. 이름도 낯선 카타르라는 나라를 베이스로 매일 바뀌는 시차 속에서 크리스마스도, 새해도 없이 전 세계를 떠돌아다니는 것 자 체가 때로는 광활한 사막 속에 나 혼자 있는 것 같아 외롭고요. 카타르에서 만나서 친해진 친구들도 대부분 승무원이기 때문에 스케줄이 안 맞으면 한참 동안 못 보게 되는 경우도 흔합니다.

승무원들이 가장 많이 전직하는 분야는 강사 쪽이에요. 승무원 양성 학원에서 학생들을 가르치거나 어학원에서 영어나 중국어 등을 가르치는 전직 승무원들이 많아요. 승무원 경력을 살려 경력직으로 이직할 수 있는 분야는 생각보다 적습니다.

퇴사 이후 또는 근무를 하면서 대학원 공부를 하는 사람들도 많아요. 대학원을 졸업해서 석사 학위를 취득하면 대학에서 교수직으로 강의 기회가 생기거든요. 특히 현직 승무원들에게는 대학원 진학이 승진에 긍정적인 영향을 끼치기도 하고, 승무원 이후의 미래를 위한 체계적인 준비의 한 단계기도 해요.

중동에서 일하는 승무원들 중에서는 비행 조종사가 되기 위해 비행 학교에 입학하는 사람들이 많았어요. 승무원으로 일하면서 중동 항공사 조종사들의 급여나 복지 혜택을 알고 난 뒤에 새로운 꿈을 꾸는 경우가 대부분이었어요. 남자 승무원뿐만 아니라 여성 승무원들도 조종사가 되기 위한 교육 과정을 많이 듣습니다. 함께 일하는 조종사들에게서 정보를 얻는 것이 동기 부여가 되기도 해요. 실제로 승무원 출신 한국인 조종사들이 최근 늘어나는 추세입니다. 학비가 비교적 저렴한 남아프리카나 체코에 있는 비행 학교에서 조종사 자격증을 취득하는 사람들도 있고 미국에 있는 항공 학교에서 교육을 받고 비행 시간을 채우고 나서 중동에 있는 저비용 항공사나 중국 항공사로 취업을 하는 경우도 있습니다.

승무원과 전혀 관계없는 새로운 분야로 이직한 케이스도 있습니다. 카타르에서 함께 비행했던 한국인 입사 동기 중 한 명은 한국에 있는 글로벌 부동산 회사로 이직해서 새로운 경력을 쌓고 있어요. 승무원이 되기 전에는 연봉이 높은 대형 은행에서 일했다는데 자신의 성격과 가장 잘 맞는 직업이자 간절한 꿈이었던 승무원이 되기 위해 과감하게 사직서를 내고 면접 준비를 했다고 해요. 그 동기는 꿈에 그리던 승무원이 되었지만, 전 세계를 충분히 돌아다녔다는 생각이 들자 퇴사를 결심합니다. 한 곳에 머무는 것보다 활발하게 여러 사람을 만나는 걸 좋아하는 동기는 이미 꿈을 이루었기에 그다음을 선택하는 과정에서 고민이 많았다고 해요. 오랜 고민 끝에 새로운 사람들을 많이 만날 수 있고 영어를 계속해서 쓸 수 있는 글로벌 부동산 회사로 이직을 했습니다. 사무실에 가만히 앉아 있는 일이 아니라 거래처 사람들을 만나 세일즈하는 게 즐겁고, 열심히 일한 성과만큼 급여를 가져가는 것도 만족스럽다고 합니다.

카타르에서 지내면서 직업관이 많이 변한 동기는 하고 싶은 일을 한 번 해 보고 나니 새로운 일에 대한 두려움이 없어졌다고 해요. 지금도 동기는 꿈을 찾는 것만으로도 인생의 절반은 성공이라는 마인드로 현재 일에 충실하면서 언젠가 나타날 또 다른 꿈을 기대하고 있습니다.

또 다른 삶을 찾아 떠나다

승무원이라는 직업을 그만두고 제2의 삶을 꿈꾸는 선후배 승무원들이 많습니다. 대표적인 이직 분야는 서비스 교육 분야예요. 요즘 많은 기업이 서비스 가치를 높게 평가해 직원들 대상으로 서비스 교육을 하고 있어요. 그래서 사내 CS강사 채용이 느는 추세죠. CS강사는 서비스 마인드, 이미지 메이킹, 비즈니스 매너, 불만 고객 응대 등을 강의합니다. 어떤가요? 승무원들이 받는 교육과 크게 다르지 않죠?

〈158센티미터 키로 승무원 합격한 이 사람, 국내 대표 이미지컨설턴트 됐죠〉라는 기사를 본 적이 있어요. 기사의 주인공은 키가 항공사 기준 신장보다 작아서 정수리에 고무를 넣어 보기도, 뒤꿈치를 올려 보기도 하며 합격하길 간절히 바랐지만, 결국 신체조건 미달로 합격이 보류되었다고 해요. 하지만 거기서 좌절하지 않고 여러 버전의 자기소개, 외국어 노래 등을 준비해서 면접장에서 누구보다 자신감 넘치는 모습으로 분위기를 주도했다고 합니다. 결과는 놀랍게도 최종 합격! 본사에서는 신체조건 때문에 합격을 보류했지만, 면접관들의 적극적인 추천으로 승무원이 될 수 있었다고 해요.

기사 주인공은 이 경험으로 이미지 메이킹의 중요성을 일찍부터 깨달았고, 승무원 퇴사 후 현재는 개인, 기업인, 전문직, CEO, 정치인 등 다양한 직종의 이미지 메이킹 전문가로서 활동하고 있습니다.

이처럼 높은 경쟁률을 뚫고 합격한 경험이나 승무원 실무 경력을 발판 삼아 다양한 교육 영역으로 이직하는 경우가 많아요. 저 또한 승무원으로 일하며 쌓은 경험들을 강의에 녹여 내고 싶어 CS강사로 이직한 케이스입니다. 실제로 기업의 사내 CS강사로 활동할 당시 교육안 개발, 현장 코칭 때 승무원 경험에서 얻은 저만의 에피소드와 노하우들을 접목해 강의했어요. 승무원 경력이 지금의 일에도 많은 도움이 되어 보람을 느낍니다.

승무원 경력을 살려서 이직하는 사람도 있지만, 전혀 다른 분야로 이직하는 사람들도 있습니다. 평소 관심 있었던 분야를 공부해서 공무원, 은행원, 개인 사업, 플로리스트 등 새로운 직업으로 제2의 인생을 시작하는 거죠.

제 승무원 친구 하나는 퇴사 후 조향사 자격증을 취득해 현재

개인 사업을 운영하고 있어요. 승무원은 직업 특성상 많은 사람을 만나니 향수를 자주 사용하는데, 이 친구도 향수를 사용하다 보니 향수를 수집하는 취미가 생겼다고 해요. 여행하는 나라마다 특색 있는 디퓨저, 향수를 사고 관련 박물관도 찾아다녔다고 합니다.

조향사는 크게 화장품이나 생활용품에 향을 입히는 퍼퓨머 Perfumer, 식품 향을 만드는 플래버리스트Flavorist, 향수를 다루는 퍼퓸 디자이너Perfume designer로 나뉘는데, 친구는 화장품 향료를 조향하는 퍼퓨머로 활동하고 있어요.

이제 평생직장은 옛날이야기가 되었어요. 많은 직장인이 다른 분야로의 이직과 제2의 인생을 꿈꾸죠. 그런 분들에게 이 글이 힘이 되었으면 좋겠어요.

끈기와 열정으로 디자인하는 제2의 인생

제 주변에는 저처럼 승무원을 그만두고 새로운 삶을 사는 동료, 선후배 승무원들이 있어요. 그중에서 가장 흥미로운 이직을 한 분들을 소개해 볼게요.

저와 비슷한 시기에 국내선 전담으로 입사한 친구가 있었어요. 체력 테스트와 신체검사를 함께 다니며 꽤 친해졌죠. 비행 근무를 시작한 후로는 친구는 국내선, 저는 국제선 비행을 다녔기에 사내에서 마주칠 일은 드물었어요.

당시에는 약 2년의 국내선 전담 근무를 마치면 정직원 전환이 되고 소정의 교육 후 국제선 승무원 자격도 받을 수 있었는데, 국제선 자격 취득 승무원 리스트에 친구의 이름이 없었어요. 어떤 사정이 있는지 알 수가 없으니 개인적으로 연락해서 안부를 묻기도 조심스러워 연락을 미루고 그냥 잊고 지냈죠.

그러던 어느 날, 동네의 기구필라테스 센터에서 일대일 PT를 받고 나온 저에게 어떤 사람이 다가와 "혹시 너 샛별이니?"라고 물었어요. 얼굴을 보니, 세상에! 바로 5년 전 저와 함께 회사에 입사했던 그 친구였어요. 친구는 필라테스 선생님이 되어 센터에 수업을 하러 온 것이었어요.

얘기를 들어 보니 친구는 대한항공에서 2년 동안 국내선 비행을 하며 승무원 업무가 본인과 맞지 않는다고 생각했대요. 그래서 본인의 성향과 잘 맞으면서 끊임없이 발전할 수 있는 일을 찾기 위해 부단히 노력하고 도전했다고 하더라고요.

친구는 비행 근무로 지친 심신에 안정을 주는 필라테스가 좋았고 모든 동작을 꽤 잘했다고 해요. 그래서 강사 자격까지 취득하게 되었다고 합니다. 그저 배운 것을 회원들에게 지시하는 것이 아니라 더 완벽한 동작을 수행하기 위해 늘 연습하고 많은 학회와 세미나에 다니며 몸에 대해 점점 알아 가는 것도 정말 좋았대요.

나중에 알게 된 이야기인데, 제가 운동하는 센터에서 구인 공고를 내지 않는데도 친구가 이력서와 자기소개서를 대표님의 메일로 전송해서 면접 기회를 얻었다고 하더라고요.

전혀 모르는 분야지만 자격증을 취득한 것으로 끝내지 않고 스스로 경험과 역량을 높이며 더 나아가 진취적인 자세까지 겸비한 제 친구가 앞으로 더 승승장구해서 많은 사람에게 힐링을 전하는 필라테스 선생님이 되었으면 좋겠어요.

저보다 더 어린 나이에 먼저 입사한 한 선배님은 동그란 눈에 오목조목 예쁜 이목구비, 운동으로 다져진 마른 근육형의 몸매를 가진 분이었어요. 함께 비행을 몇 번 한 뒤로 친해져 SNS 친구가 되어 종종 안부를 전했는데, 그 선배님은 정말 순식간에 결혼과 출산을 다 해치우셨어요.

선배님은 임신 후 출산휴가에 들어가셨다가 인형처럼 예쁜 자녀를 두고 복직하셨어요. 출퇴근하기에는 다소 먼 지역으로 이사를 하셨다는 것까지는 소식을 들었는데 어느 날 갑자기 퇴사하셨더라고요. 그리고 얼마 전 그 선배님이 꽤 오랜 시간 SNS 활동을 하지 않는다고 생각할 때쯤 게시물이 하나 올라왔어요. 공인중개사 최종 합격자 명단이었는데, 그곳에 선배님 이름이 있었죠. 육아만 해도 정신없을 텐데 선배님의 그 끈기에 절로 박수를 치게 되더라고요.

육아는 육아대로 하며 독서실과 도서관을 오가고 끊임없는 학습의 열정을 불태운 선배님이 참 대단하죠? 그렇게 열심히 공부하셔서 딱 6개월 만에 공인중개사 자격증을 취득하셨대요. 20대에는 줄곧 승무원이었지만 30대에 접어들며 공인중개사로 새롭게 시작하는 선배님의 행보가 정말 기대됩니다.

승무원을 그만두고 나서 만난 사람들이 우연히 제가 승무원이었다는 것을 알게 되면 늘 '왜 그만두었냐'라는 질문을 먼저 해요. 경험해 보지 못한 일에 대한 궁금증이 아니라 그 좋은 직업을 왜 그만두었냐는 뉘앙스로 말이죠.

세상에 쉬운 일은 하나도 없고, 직접 경험해 본 일이 아니라면 제가 아무리 설명해도 상대는 온전히 이해할 수 없다고 생각해요. 평생 꿈꿨던 일이었고 일을 하며 느꼈던 보람과 회사생활을 통해 정말 좋은 인연을 얻은 것도 사실이지만 그것들을 다 합해도 '내가 원하는 진짜 가치 있는 일을 하고 싶다'라는 마음의 소리를 이길 수는 없었어요.

필라테스 강사나 공인중개사가 아니더라도 오랫동안 하고 싶었던 사업을 하거나 새로운 학문을 공부하기 위해 다시 학교에 가서 꿈을 이루는 사람들이 많아요. 승무원이라는 직업은 보통 직장인이 사무실에 출근해서 일하듯이, 공항에 주기된 비행기로 출근해 일하는 것뿐이에요. 승무원도 다른 직장인들처럼 이직과 전직을 할 수 있습니다. 여기에 필요한 것은 하나, 작은 용기예요!

지금도 시간을 쪼개어 미래를 위해 열심히 준비하고 있을 현직 승무원들과 다양한 꿈을 가진 예비승무원들을 진심으로 응원합니다!

나답게 일하는
마인드셋

강사라면 알아야 할
교육 세계

학생들과 함께 하는 공부

승무원을 그만두고 한국에 와서 강사 양성 학원에 갔을 때 생각했던 것보다 훨씬 다양한 전문 강사들이 있다는 것을 알게 되었어요. 제가 수료한 강사 과정은 한마디로 제가 일을 하면서 자연스럽게 익힌 고객 서비스 업무를 이론으로 정리하는 시간이었습니다. 시범 강의를 여러 번 해 보면서 강사로서 필요한 강의 스킬을 배우고 강사라는 직업에 대해 이해할 수 있었죠. 강사는 나의 경험, 능력, 지식을 다른 사람에게 효율적으로 전달하는 것뿐만 아니라 끊임없이 새로운 지식을 습득하기 위해 노력해야 한다는 것을 배웠어요.

처음에는 사람들 앞에 서서 자신감 있게 이야기를 한다는 것이 쉬운 일이 아니었어요. 긴장도 됐고 10분의 시범 강의 시간을 잘 분배해서 이끌어 가는 것 자체도 부담이었죠. 강의 교안을 만드는 것도 익숙하지 않아서 오랜 시간이 걸렸어요. 하지만 몇 번의 연습 끝에 어느 정도 제대로 된 시범 강의를 할 수 있었고, 부족한 부분은 피드백을 주고받으면서 고쳐 나갔습니다.

강사 양성 과정을 수료한 후 같이 수업을 들은 다른 강사님의 추천으로 일을 시작하게 되었어요. 아카데미에서 승무원 지망생들에게 영어 면접 스킬을 알려 주고 자기소개서와 이력서를 첨삭해 주는 일입니다. 승무원을 꿈꾸는 학생들에게 선배로서 조금이라도 도움을 주고자 면접 스킬뿐만 아니라 제가 승무원을 준비하던 시절에 겪은 시행착오를 얘기해 주기도 해요.

빠르게 변하는 항공업계 특성상 항공사 면접 과정도 채용 때마다 조금씩 바뀌기에 강사로서 그에 맞는 정보 수집이 필수입니다. 누구나 인터넷에서 쉽게 찾을 수 있는 정보 말고 좀 더 현실적인 것들을 알려 주기 위해 주변의 현직 승무원들에게 정보를 많이 얻고 있어요. 또한 기업의 인사 담당자로 있는 지인에게 최근 면접 트렌드를 듣고 학생들을 지도하고 있습니다.

그리고 공항 서비스직 지망생과 일반직 취준생을 위한 영어 회화 초급 강의도 하고 있어요. 일반 학원에서 배우는 영어 회화와 다르게 고객 서비스직에 필요한 실무 영어 회화 강의입니다. 저 또한 취업 준비를 하며 영어 공부를 오랫동안 해 봤기에 취준생들에게 정말 필요한 것이 무엇일까 고민할 때가 많아요. 그래서 조금 더 전문적으로 학생들에게 영어를 가르치기 위해 TESOLTeaching

English to Speakers of Other Languages(영어가 비모국어인 학생들을 위한 영어 전문교사 양성 과정) 자격증을 취득했습니다.

TESOL을 가르치는 여러 기관이 있지만, 저는 현실적으로 시간 절약이 가능하고 오프라인과 동일한 자격증을 취득할 수 있는 온라인 강의로 공부했어요. 미국에 있는 국공립 학교에서 진행하는 과정이었는데 예습 과정을 거쳐 원서를 다운로드하고, 2개월 동안 온라인 강의를 듣고 열두 번의 테스트를 통과한 후에 자격증을 받을 수 있었습니다. 꼬박꼬박 수업을 듣고 각 테스트에서 70점 이상을 받아야 해서 쉽지 않은 과정이었지만 영어 교육 스킬과 관련 지식을 얻을 수 있었어요. 또 익숙하지 않은 분야의 어휘를 익히면서 영어 실력이 많이 향상되었습니다.

이후 학점 인정을 통해 학사 학위를 취득할 수 있는 학점은행제의 항공 영어 회화 수업도 진행하고 있습니다. 학위를 위해 의무적으로 듣는 수업이 아닌 학생들이 매시간 영어 문장 하나라도 제대로 배워 갈 수 있는 수업을 만들기 위해 노력하고 있어요.

대학에서 서비스 관련 과목이나 외식 관련 강의도 하고 있는데, 항공사와 호텔에서 근무하면서 얻은 경험을 토대로 학생들에게 실무적인 교육을 하고 있습니다. 종종 중고등학교에서 강의할 때도 있어요. 취업을 위한 분명한 목표가 있어서 열심히 강의를 듣는 성인들과는 달리 학생들은 집중력이 다소 떨어지는 편이에요. 그래서 사전 준비가 더 필요하죠. 특히 중학생들은 한 자리에 계속 앉아서 오랜 시간 동안 강의를 듣는 것 자체를 상당히 힘들어 하더라고요. 그래서 중간중간 재미 요소를 넣고 게임을 적당히 섞어서 강의를 기획하는 것이 중요합니다. 학생을 상대로 한 강의를 계속 맡게 되면서 요즘은 학생들과의 소통에 즐거움을 느끼고 있어요. 취업 진로 코칭 강사 활동이 저에게 잘 맞는 것 같아요.

강사는 끊임없이 새로운 것들을 공부하고 발전해야 해요. 친구들과 대화를 나눌 때도 이야깃거리가 있어야 풍부한 대화를 할 수 있듯 많은 사람 앞에서 강의를 주체적으로 이끌어 가려면 강사의 지식이 일단 풍부해야 합니다. 저는 관광뿐만 아니라 다양한 직종의 사람들과 자주 대화하려고 해요. 우물 안 개구리가 되기 싫어 이직도 하고 여러 도전을 해 왔지만, 그 방향이 '서비스'라는 한 가지 분야로 한정되어 가끔은 부족함이 느껴지기도 합니다.

그래서 빠르게 변하는 세상에서 뒤처지지 않기 위해 평소에 즐겨 읽는 소설뿐만 아니라 여러 분야의 서적도 읽고 있어요. 최근에는 4차 산업혁명 관련 책을 보며 제 전공 분야에 어떤 영향이 있을지 가늠해 보고 학생들의 미래 진로에 대입을 해 보기도 했어요. 또 매일 아침 인터넷 기사를 검색하고 관심 있는 분야의 뉴스는 꼭 챙겨서 읽고 있습니다.

프리랜서 강사로 생활하면서 가장 힘든 점은 시간 관리와 자기 관리인 것 같아요. 그전까지는 다른 사람이 정해 준 스케줄에 따라 근무하고 생활하는 것이 당연했는데 이제는 제가 주체적으로 스케줄 관리해야 해요. 요즘 강의가 별로 없는 달에는 자격증 공부를 하거나 다른 사람의 강의를 들으러 가기도 합니다.

　호텔리어와 승무원으로 일했을 때와 마찬가지로 '체력'은 강사에게 정말 중요해요. 저의 컨디션이 좋아야 강의를 듣는 사람들에게 좋은 기운이 전달되거든요. 만약 몸 상태가 좋지 않더라도 티 내지 않고 강의 마지막까지 최선을 다해야 강의를 주도적으로 이끌어 나갈 수 있습니다.

강사의 덕목, 즐거운 소통

교육 대상자에 대한 이해

강의할 때 가장 중요한 것이 무엇일까요? 저는 개인적으로 교육 대상자에 대한 이해가 중요하다고 생각해요. 저의 첫 교육 대상자들은 엔지니어, 카마스터, 회사 내부 직원 등이었어요. 그분들에게는 고객 접점 및 서비스 현장에서 근무한다는 특성을 고려해 현장에서 실질적인 도움이 되는 서비스 교육을 하기 위해 많은 고민을 했습니다. 그래서 일단 교육 대상자를 이해하기 위해 당시 회사에서 교육생들의 실무를 엿볼 수 있는 프로그램에 최대한 적극적으로 참여해 교육 대상자의 특성 및 근로 환경을 먼저 파악하려고 노력했어요.

자동차 공장을 견학해서 차가 만들어지는 과정을 보며 판매 프로세스를 공부했고, 고객 서비스 과정에서 직원들이 가장 어려워하는 부분과 자주 컴플레인이 접수되는 유형은 무엇인지를 파악했습니다. 그 결과 교육 대상자에게 실질적인 도움을 주는 내용의 교안을 만들어 강의할 수 있었어요. 이처럼 교육생들의 직업적 특징과 현장 업무를 먼저 파악하는 일은 교육생들의 서비스를 코칭할 때 가장 큰 도움이 되었습니다.

현장과의 소통

첫 강의 전날은 긴장되기도 하고 설레기도 했어요. 첫 강의이다 보니 부족한 부분은 없는지 체크해 가며 더 철저히 준비했죠. 강의가 끝나고 나서는 뿌듯하기도 했지만, 준비한 것에 비해 스스로 아쉬웠던 점도 있었습니다.

강의하는 동안 교육생들과 소통을 많이 하지 못한 점이 가장 아쉬웠어요. 지금 생각해 보면 잘하고 싶은 마음에 만든 강의 대본 때문에 소통은 고사하고 일방적으로 내용만 전달했던 것 같아요. 교육 대상자들에게 도움이 될 지식과 정보를 많이 전달하는 것에만 집중하다 보니 결국 설명 식의 강의가 되어 버린 거예요. 그래서 오랫동안 준비한 첫 강의가 너무 아쉬웠어요.

한편으론 이런 경험들이 있었기 때문에 제가 더 발전할 수 있었다는 생각이 들기도 해요. 첫 강의 이후로 현장과의 소통을 중요시하고, 교안을 작업할 때도 교육 대상자들과 교류할 수 있는 부분들을 고민하면서 만들었거든요. 그러다 보니 강의 방식이 설명 식에서 점점 질문형, 대화형으로 바뀌었습니다. 또 강의 내용과 관련된 사례, 관심을 집중시키는 아이스 브레이킹, 실제 에피소드 등 교육생들과 소통할 수 있는 부분들을 많이 구상했어요. 현재는 교안에 제가 직접 겪고 느꼈던 일화를 많이 담으려고 하고, 또 그러기 위해서 직접 다양한 경험을 해 보려고 노력 중입니다. 이러한 제 노력이 교육 대상자들의 공감을 이끌어 내고, 저만의 감성으로 교육생들에게 동기 부여를 하는 원동력이 될 거라고 생각해요.

여러 노력 덕분에 예전에는 내용 전달하느라 바빠 교육생들을 잘 보지 못했었는데 이제는 강의하는 동안 교육생들의 반응을 관찰하고 살피는 여유도 생겼어요! 자연스럽게 공감하며 함께 웃기도 하고, 일방적인 전달이 아닌 '감정 소통'을 하고 있다는 것을 느낍니다. 강의가 끝난 후에는 교육생들이 가장 공감하고 반응이 좋았던 부분을 따로 체크해 두는 습관도 들였어요.

특히 '강의 평가 및 후기'를 살피는 것도 소통의 한 부분으로 정말 중요하다고 생각해요. 교육생들의 속마음을 알 수 있고, 부족한 점을 점검할 수 있거든요. 그래서 저는 당일 교육이 끝나면 강의 평가를 바로 확인하는 편입니다. 그리고 교육생들이 쓴 좋았던 점, 도움이 된 점, 느낀 점, 개선했으면 하는 점 등을 꼼꼼히 확인하고 정리하는 것으로 그날의 교육을 마무리합니다. 이런 적극적인 소통으로 교육생들의 반응을 바로 반영해 강의할 수 있었고, 더 나아가 스스로 더 개선하고 보완할 수 있었어요.

청중을 집중시키는 힘

강의하면서 다소 힘들었던 점은 모든 교육생을 집중시키는 일이었습니다. 실제로 많은 강사가 신경 쓰고 저 또한 초반에 가장 많이 노력한 부분이에요. 강의가 진행되는 거점마다 현장 분위기가 다른데 모든 대상자가 교육에 열심히 참여하며 집중하는 거점도 있었지만, 반대로 그렇지 않은 거점도 있었어요. 현장 분위기가 가지각색이라는 것을 알게 되었죠. 이처럼 현장의 교육 분위기는 예측할 수 없기에 매 강의에서 모든 교육생을 집중시키는 일이 쉽지 않았습니다.

아무래도 좀 더 흡인력 있는 강의가 필요하다 싶어 오랜 경력을 가진 베테랑 강사들의 강연을 들어 보았는데, 인상 깊었던 것이 하나 있었습니다. 교육생들의 이목을 끄는 농담, 생각이나 분위기를 환기하는 말과 행동이 알고 보니 모두 계획적인 연습하에 이루어진 것이었어요. 그 순간 강의 스킬에 정답은 없지만, 모든 대상자의 집중을 이끌어 내기 위해 치열하게 고민하고 연구하는 것이 정말 중요하다는 것을 깨달았습니다.

강의뿐만 아니라 다른 일을 할 때도 스스로 준비가 안 되어 있으면 불안감이 커지잖아요? 무슨 일을 하든 많은 준비와 연습이 정말 중요한 것 같아요. 이건 제가 강사 일을 하면서 가장 크게 느낀 부분이기도 해요. 충분히 연습을 했다고 생각하는 날에도 현장에서 실력을 100퍼센트 다 발휘하기가 결코 쉽지 않거든요. 결국 현장에서 나의 실력을 100퍼센트 다 발휘하려면 그 이상의 연습이 필요해요.

그래서 저는 어떤 현장 분위기에서도 교육생들의 적극적인 참여를 유도하기 위해 강의 전 수차례 모니터링을 하고, 이동 동선 활용, 변화 및 강조 포인트들을 맹연습해요. 그러면 강의 때 사람들의 집중을 자연스럽게 이끌면서 어느새 저 또한 강의를 즐기게 돼요.

때로는 예기치 못한 상황이 발생하기도 합니다. 보통 교육 전날에 교육할 거점의 컴퓨터 상태나 프레젠테이션 및 음량 등을 확인하는데, 그날은 아무 문제 없다가 교육 당일에 예기치 못한 돌발 상황이 발생한 적이 있어요. 교육 당일 프레젠테이션 연결이 안 돼서 결국 준비한 PPT 화면을 띄우지 못하고 교육을 진행하게 되었죠. 처음에는 갑작스러운 상황에 많이 당황해서 긴장했지만, 머릿속에 장표들을 하나씩 떠올리며 강의를 잘 마무리했습니다.

시각적인 교육 자료가 없더라도 강의 시나리오를 열심히 준비하고 연습한 강사라면 예기치 못한 상황에서도 빛을 발할 수 있어요. 강사에게 가장 필요한 역량이자 갖춰야 할 자질은 어떤 위기에도 대처할 수 있는 꾸준한 연습과 노력 그리고 준비성입니다.

프리랜서를 알아 가는 시간

승무원을 그만두기 전 전문코치, 강사 그리고 강연자라는 타이틀을 '김샛별'이라는 제 이름 세 글자 앞에 쓰고 싶다는 생각을 하면서 무려 4년 동안 준비를 했습니다.

우선 유일한 경력인 서비스 분야의 국가자격증을 취득했습니다. 그리고 더 다양한 지식을 갖추고 싶어 학회나 포럼을 찾아가고 유명 강사들의 강의를 들으며 그들의 센스나 학문적 지식의 깊이를 따라가기 위해 어떠한 것들을 더 배우면 좋을까 고민했어요.

마침내 마지막 비행을 마치고 퇴사한 바로 다음 날, 지인의 추천을 받아 프레젠테이션 강사 양성 과정에 참석했습니다. 첫 시간엔 늘 그렇듯 자기소개하는 시간이 있었어요. 그때까지 단 한 번도 다른 사람들 앞에서 말하는 것에 어려움을 느껴 본 적이 없었는데, 갑자기 심장이 요동치기 시작했어요. 숨을 몇 번이나 골라도 차분해지지 않았고 꽤 가쁜 호흡으로 준비한 말을 쏟아냈죠. 머릿속이 뒤죽박죽이니 말하는 내용도 엉망이었어요.

이제 강사를 업으로 삼아 열심히 하고 싶고, 또 잘하고 싶다는 마음을 먹으니 평생 하지 않던 극도의 긴장을 하게 된 거예요. 앞으로 강사 과정을 수강하면 지금의 떨림이 사라질까 머릿속이 아찔했습니다. 다행스럽게도 계속되는 영상 촬영과 교안 작성, 시범 강의로 긴장은 점점 완화되었어요.

프레젠테이션 강사 양성 과정을 마치고 난 뒤 얼마간 나는 어떤 강사가 되고 싶은지, 강사로서 나의 첫걸음은 대체 어떻게 시작하면 좋을지 고민이 많았습니다. 첫 사회생활을 대기업에서 시작했으니, 강사로서도 대기업 타이틀을 얹고 경력을 쌓아 프리랜서로 활동하는 것이 좋겠다는 것이 저의 첫 로드맵이었어요. 그러나 얼마 지나지 않아, 대기업 사내강사 경력을 쌓아도 언젠가 시작해야 할 프리랜서의 삶이 쉽지 않을 거라는 생각이 들었고 차라리 처음부터 프리랜서 강사로 시작하겠다는 결심을 했습니다.

'강사 김샛별'은 아직 세상에 등록되지 않은 사람이니 누군가 찾아줄 리 만무했고 일단은 저를 알릴 수 있는 여러 기관을 찾아 이름을 등록하고, 파트너 강사가 되는 것을 첫 번째 목표로 삼았어요. 그래서 우선 제가 강의할 수 있는 분야를 정확하게 파악하기 위해 강사 양성 과정이 있는 아카데미 홈페이지를 방문해 스스로 진단해 보고, 정리한 강의 분야의 교안을 만들었습니다.

그간 공부했던 국가공인 자격증 교재를 참고하기도 하고 관심을 끄는 재미있는 예시 동영상을 찾거나 영상을 직접 편집해 만들기도 했어요. 강의 교안을 최대 8시간, 최소 1시간으로 나누어 여러 개로 만들어 보는 것을 반복하며 해당 강의의 핵심 내용을 가려내는 눈도 길렀습니다.

최소한의 준비를 마치고 난 뒤 했던 일은, 취준생처럼 이력서를 쓰고 지원하는 일이었어요. 수많은 교육컨설팅 회사를 방문하고 수많은 시범 강의 테스트를 거쳐 꽤 많은 업체와 파트너 강사 계약을 맺을 수 있었습니다. 약 6개월 동안 교육 방향성이 맞지 않는 곳과는 관계를 정리하고 우연한 기회에 알게 된 새로운 회사를 방문하는 등 비즈니스 미팅(사실상 면접)을 반복했어요.

미리 준비해 둔 교안이 있었기에 강의계획서 작성이나 교안 샘플을 제출하기까지 오랜 시간이 걸리지 않았고, 제 교안과 강의 후기를 보며 만족한 기업 및 기관의 관계자들과 빠르게 신뢰를 쌓을 수 있었습니다. 덕분에 다른 기업을 소개받거나 강의 가능한 다른 분야가 있는지 문의를 받는 선순환이 이어졌어요.

대학생이자 취업준비생일 때 여러 기업에 이력서를 제출하며 사회생활을 시작했던 것처럼 강사로서도 시작부터 하나하나 모든 것에 도전한 게 정말 좋은 경험이었습니다.

이 모든 과정을 거쳐 저는 현재 버크만 검사를 전문으로 하는 커뮤니케이션, 조직 활성화 강의를 주로 하고 있어요. 또 조직원들의 다양한 복지에 신경 쓰는 스타트업의 외부 자문코치로 일하고 있기도 하고요. 다수에게 이론과 지식을 전달하여 행동 변화를 가져오는 강의와 소수 또는 일대일 만남을 통해 개인의 심리와 감정을 읽어 동기를 부여하는 코칭의 매력이 각각 다르기에 두 마리 토끼를 다 잡고 싶은 욕심이 있어요. 지금 제가 열정을 느끼는 분야는 크게 2가지이지만 향후 어떤 것에 더 오랜 열정을 가지게 될지 혹은 또 다른 꿈을 꾸게 될지 장담할 수는 없겠네요.

1인 기업으로 혼자 브랜딩을 하고 로고를 만들고 미션과 비전을 만들며 프리랜서 활동을 활발히 하는 요즘, 가장 어려운 점은 많은 일을 혼자 해야 한다는 것이에요. 그만큼 양어깨도 무겁고요.

세분된 부서가 있는 회사에서 근무할 때는 주어진 일 외에는 신경 쓸 것이 없었어요. 항공사에서 저는 그저 객실승무원으로서 서비스 업무만 잘하면 되었는데, 이제는 혼자서 일하다 보니 본업인 강의는 당연히 잘해야 하고 여러 모임에 참석해 인맥 관리도 해야 하며, 때로는 영업과 무료 강의로 홍보하는 일도 게을리하지 않아야 합니다. 처음에는 이런 일들이 모두 처음이라 어렵고 다소 낯간지럽기도 했지만, 초석을 다지는 단계에서 익숙한 일과 당연한 일, 그리고 또 잘하는 분야가 확장되기도 해요.

세상의 모든 일에 필요한 역량이겠지만, 강사는 더더욱 자기계발과 도전 그리고 실패를 두려워해서는 안 됩니다. 요즘 세상은 무척이나 빠르게 변화하고, 강의를 듣는 사람들도 정보의 바다에서 산다는 것을 잊으면 안 돼요. 옛날과는 다르게 기본적으로 지적 수준이 높은 사람들에게 더욱 정확한 정보를 전달하기 위해서는 시시각각 변하는 세상의 이야기에 좀 더 촉각을 곤두세워야 합니다. 그리고 끊임없는 자기 발전을 통해서 알맹이가 있는 사람이 되는 것이 중요해요. 또 현재 일하는 분야에서 더 깊은 것을 알아가거나 나의 전문 분야를 확장하는 도전을 두려워하지 마세요. 실패하거나 당장 도움이 되지 않는다 해도 충분히 시도하고 노력해볼 만한 가치가 있습니다.

SVC 직무와
교육 업계의 차이

내 스케줄은 내가 만드는 교육 업계

호텔리어와 승무원은 동료들과 함께 팀으로 일한다는 특징이 있습니다. 각자의 위치에서 맡은 업무를 하고 서로의 부족한 점을 채워 주면서 팀워크를 발휘해 고객 만족을 이끌어 내죠. 그래서 입사 면접에서도 팀워크를 잘 발휘할 수 있는 인재인지를 평가하는 질문을 많이 합니다.

서비스 업계는 다른 사람들과 함께 어울려 일하고 리더의 자질을 가진 동시에 다른 팀원들의 의견을 귀담아듣는 자세를 갖춘 인재를 선호합니다. 항공사 지상직과 외국 항공사 면접에서 자주 시행되는 그룹 토론 면접은 나의 의견을 조리 있게 얘기하면서 다른 사람의 의견까지 잘 듣고 수용하는 융통성 있는 사람을 뽑는 것이 목적이에요. 지원자는 짧은 시간 안에 팀워크와 공감 능력, 상황 판단 능력을 보여 줘야 하죠. 또 사람을 대하는 서비스직의 특성상 바른 인성을 갖춘 지원자를 뽑기 위해 지원자의 성격, 성향을 파악할 수 있는 면접 질문 또한 많아지는 추세입니다.

반면에 강사는 공부하고 강의 교안을 만들고 주어진 강의를 위해 완벽하게 준비하는 과정 자체가 혼자만의 싸움이에요. 다른 사람에게 조언을 구하는 것보다 혼자 연구하고 검색하고 끊임없이 탐구해야 피교육자에게 제대로 된 강의를 제공할 수 있어요. 특히 프리랜서 강사는 알아서 스케줄 관리를 해야 하고 기업이나 단체에서 강의하려면 매번 면접과 비슷한 과정을 통과해야 합니다. 기업에 제안서를 보내고 프로필도 그에 맞게 바꾸는 노력을 해야 하기에 더 철저한 자기 관리가 필요하죠.

10년 넘게 다른 사람이 정해 주는 스케줄로 근무하다가 주체적으로 나만의 스케줄을 만들고 관리하는 것이 처음에는 쉽지 않았어요. 하지만 차근차근 세세하게 나만의 일정을 만들고, 지켜지지 않은 일정은 수정해 나가면서 점점 더 완벽한 스케줄을 만들고 발전해 나가기 위해 노력했어요.

또한 서비스직에서 근무할 때는 컴퓨터 활용 능력이 중요하지 않았는데 강사직을 하게 되면서 간단한 PPT 작성이나 강의를 더 효율적으로 하기 위한 여러 스킬을 습득하는 것이 중요해졌어요. 대학생들을 위한 강의를 몇 시간 이상 진행하다 보면 집중력이 흐트러질 때가 있는데 중간중간 흩어진 집중력을 모으기 위한 게임이나 분위기 전환을 위한 활동을 기획하는 것도 강사의 자질 중 하나인 것 같아요.

강사 일에도 성수기와 비수기가 있어요. 보통 새 학기가 시작되는 봄부터 여름 방학까지가 성수기고 기업 교육이나 학생들 진로 체험 교육이 거의 없는 겨울 시즌이 비수기입니다. 비수기에는 주로 다른 강사의 특강을 듣거나 관심 있는 분야를 집중적으로 공부하면서 더 좋은 강의를 하기 위한 준비를 합니다. 최근에는 기업 교육이나 학교 교육들이 코로나19로 인해 온라인 교육으로 대체되면서 온라인 강의에서 필요한 강의력을 키우려고 노력하고 있어요. 익숙하지 않은 온라인 교육 프로그램을 활용해 보거나 교육생들이 집중할 수 있도록 카메라와 마이크 세팅을 달리해 보는 등 이전에는 하지 않았던 새로운 시도들을 하고 있습니다.

프리랜서 강사로 일하다 보니 가끔은 회사에 소속되어 근무했던 시절이 그립기도 해요. 매월 다음 달의 스케줄을 받고 매달 비슷한 금액의 월급을 받아 경제적인 면에서는 안정적이었는데 프리랜서는 그렇지 않기 때문이에요. 하지만 그만큼 나만의 시간을 활용할 수 있고, 일한 만큼 수익을 창출할 수 있다는 장점도 있어요.

프리랜서 강사는 제가 사장이자 직원인 1인 기업이에요. 마케팅, 스케줄 관리 등의 여러 업무를 도움 없이 혼자 처리해야 합니다. 최신 뉴스도 매일 체크하고 강사 모임에도 참여해 다른 분야의 강사들과 만나 인맥을 넓혀야 하죠. 가끔은 강사들끼리 하는 스터디 모임에 참여하기도 해요. 기업이나 학교, 병원 등에서 강의하는 강사들과 함께 책 하나를 정해서 읽고 주제별로 나눠서 돌아가면서 발표하는 시간을 통해 다른 강사들의 강의 스타일을 엿볼 수 있어 저의 발전에도 큰 도움이 됩니다.

강사는 평생 공부하고 새로운 분야의 지식도 열린 마음으로 받아들여야 하는 직업이에요. 저는 현재 대학원에서 관광학 박사 과정을 밟고 있지만 전공 지식뿐만 아니라 전혀 모르는 분야의 지식을 책과 인터넷 자료를 통해 채워 가고 있어요. 배움에 대한 열망을 가지고 시대의 흐름에 맞는 정보를 누구보다 빠르게 습득하는 것은 물론이고 시간을 잘 지키는 성실함과 부지런함 또한 필요합니다.

나만의 색깔이 필요한 강사

'개인'보다는 '팀워크'가 중요한 승무원

승무원은 크루들과 한 팀이 되어 움직이고 '함께' 일하기 때문에 업무 대부분이 동료들 간의 팀워크로 진행됩니다. 그래서 자신에게 주어진 업무는 책임감 있게 수행해야 해요. 본인의 역할을 잘 수행하지 못하면 동료들에게 피해를 줄 수 있기 때문이죠.

하루는 갤리 내 식사 준비를 담당했던 승무원이 이륙 후 바로 밀 서비스가 나갈 수 있게 준비를 했어야 했는데, 실수로 제시간에 오븐 버튼 누르는 걸 깜빡했어요. 음식이 데워지길 기다리느라 식사 서비스가 30분이나 늦춰지게 되었고, 모든 승무원은 조급한 마음으로 밀 서비스를 하게 되었습니다.

이렇게 한 팀으로 일을 하는 승무원 업무의 특성상 개개인의 책임감 있는 역할 수행이 무엇보다 중요합니다. 혹시 모를 나의 실수가 동료들에게, 더 나아가 승객들의 즐거운 여행에도 영향을 줄 수 있다는 경각심을 가져야 하죠.

승무원은 동료들과 제때 정보 교환을 해야 합니다. 그렇지 않으면 예기치 못한 문제들이 발생할 수 있어요. 한 번은 비행이 오래 지연되어 탑승 때부터 화가 난 승객들이 많았어요. 저희는 승객들의 마음을 헤아려서 죄송한 마음을 담아 더 밝은 환영 인사로 맞이했습니다. 그런데 비행 지연으로 출장 업무가 늦어져서 유독 화가 많이 난 한 승객이 있었어요. 그 승객은 비행기가 이륙한 후에도 감정이 좋지 않은 상태였고, 승무원에게 휴식을 취할 것이니 비행 내내 깨우지 말 것을 당부했습니다. 그런데 당시 승무원들 간에 즉각적인 소통이 이루어지지 않았고 결국 한 승무원이 식사 여부를 묻기 위해 그 승객을 깨우는 일이 발생해 큰 컴플레인으로 이어지게 되었어요.

이처럼 승무원의 일은 소통과 팀워크가 매우 중요합니다. 비행 전 브리핑 때 가장 강조하는 것도 '소통'이기에 중요한 일은 수시로 메모해 처리 사항을 바로 공유했어요.

또한 운항 노선에 따라 서비스 내용이 달라지기 때문에 다른 나라의 문화를 잘 알아야 합니다. 예를 들어 한국-중국 비행일 때는 차가운 음료보다는 뜨거운 물이나 차가 담긴 포트를 더 많이 준비하고, 중국-한국 비행일 때는 음료를 차갑게 칠링하고, 얼음통을 더 많이 준비합니다. 중동 비행일 때는 무슬림 밀을 확인하고 시차를 계산해서 기도하는 시간을 체크하기도 합니다.

승무원 일을 하며 깨달은 바는 무조건 열심히 하는 서비스보다 승객의 입장과 니즈를 먼저 파악하는 서비스가 중요하다는 것이에요. 나는 최선을 다했는데 그게 상대가 원한 것이 아니라면 오해가 생길 수 있어요. 그래서 편안한 서비스를 제공하기 위해 각 나라의 문화를 잘 아는 것도 매우 중요합니다.

'일당백'이 되어야 하는 강사

강사는 교육 대상자들에게 동기 부여가 될 만한 교안을 개발하고 재미있고 창의적인 아이디어로 알찬 교육 콘텐츠를 만듭니다. 스스로 개발해야 하는 부분이 많죠. 강사는 많은 정보와 지식을 습득해야 하며 여러 분야에 관심을 두고 꾸준히 공부하는 습관이 필요합니다. 또 요즘 고객들은 정보를 어디서, 어떻게 습득하고 있으며 최근의 서비스, 소비 형태는 어떻게 변화하고 있는지 등 다방면의 트렌드를 이해하고 남들보다 앞서서 공부해야 해요. 교육 대상자들에게 알찬 정보들을 전달하려면 끊임없는 자기계발이 필요한 것이죠.

더 나아가 강사는 '나만의 색깔이 있는 강의'를 만들기 위해 연구해야 하는 직업입니다. 그런 점에서 스스로 역량을 더 키우기 위해 자격증을 취득하는 일도 많아요. 저도 강의를 하면서 스스로 부족한 부분을 계속 보완하고 전문성을 키우고자 관련 자격증을 꾸준히 취득하고 있습니다.

기업 사내강사로 일할 때 '스타일 컨설팅' 교육팀을 맡았었어요. 스타일 컨설팅은 이미지 메이킹과 밀접한 교육 분야예요. 많은 교육 대상자들이 흥미로워하는 인기 있는 과정이었죠. 이미지 메이킹이라고 하면 보통 외모 가꾸기를 먼저 떠올리게 되지만, 개인의 내적 이미지와 자아 이미지가 외적 이미지에 가장 큰 영향을 미치기 때문에 누구에게나 필요하며, 일상에도 변화를 주는 매우 가치 있는 교육입니다.

이 강의의 교안 작업을 할 때 교육생들의 외적, 내적 이미지를 분석해서 일상생활에 긍정적인 변화를 줄 수 있도록 많은 고민과 연구를 했습니다. 또 많은 실무 경험을 통해 맞춤 이미지 컨설팅의 중요성을 알게 되었고, 퍼스널컬러 컨설턴트(색채학과 퍼스널컬러에 대한 전반적인 지식을 습득해 고객에게 맞는 최적의 컬러를 진단해 주는 전문가) 자격증에도 관심을 가지게 되었어요.

퍼스널컬러 컨설턴트 자격증을 취득하고 나니 이미지 메이킹 강의뿐 아니라 교육생 개개인의 이미지를 직접 코칭하는 다양한 프로그램까지 알차게 만들 수 있었고, 정말 큰 보람을 느꼈어요. 이처럼 강사는 교육 콘텐츠를 만들 때 전문성을 높이기 위해 자발

적으로 공부해야 하는 부분이 많아요. 그런 과정에서 자연스럽게 나만의 전문 분야를 만들어 가게 됩니다.

한편 강사는 이 모든 것을 모두 혼자 해내야 하기 때문에 책임 감이 더 필요한 직업이 아닐까 생각해요. 스스로 노력하지 않으면 결국 도태됩니다. 하지만 오래 고뇌하고 시간을 투자해 만든 강의 가 교육생들에게 도움이 되었을 때 느끼는 보람은 정말 커요. 교 육이 끝나고 나서 제 강의가 터닝 포인트가 되었다는 교육생의 감 사 글귀를 받을 때는 말로 표현할 수 없는 뿌듯함을 느낍니다.

제가 생각하는 강사는 스스로 노력해야 하는 부분도 많지만, 그 만큼 노력의 결실인 '보람'도 가장 크게 느낄 수 있는 직업입니다. 그 기쁨을 알기에 교육생들에게 긍정적인 영향을 주는 강의를 만 들고자 매사 노력하고 있어요. 또한 '그린힐이미지랩' 대표로서 폭 넓은 강의 및 사회활동뿐만 아니라 개개인의 특별한 가치를 높이 는 맞춤형 컨설팅도 진행하고 있습니다. 나아가 아시아를 대표하 는 '글로벌 CS·퍼스널 브랜딩 전문가'라는 비전을 갖고 오늘도 열 정을 담아 강의를 합니다.

스스로 채우는 역량과 커리어

저는 흔히 서비스직 중 최고라는 항공승무원 일을 하면서 서비스직의 범위가 대체 어디까지일까 생각했어요. 식음료 가게에서 손님들에게 식사서비스를 제공하는 것도 서비스직이고, 핸드폰 같은 전자기기의 결함을 고쳐 주는 일 또한 서비스직이에요. 일에 전문 기술이 필요하든 아니든 사람들을 상대하고 사람과의 관계에서 스트레스를 경험하는 모든 일이 서비스직이라고 생각합니다.

서비스 직군의 일은 감정 노동이기도 해요. 제 감정의 많은 부분을 숨긴 채 고강도로 훈련된 웃음 가면을 쓰고 친절한 목소리와 말투로 승객들에게 서비스를 진행하는 일은 사실 여간 어려운 일이 아니에요. 게다가 비싼 돈을 내고 좋은 좌석을 예약한 승객일수록 손님들의 기대는 높아집니다.

승무원으로 일하면 일할수록 승객의 기대에 부응하는 정도의 모습을 보였을 때 승객이 만족하거나 감동하는 일이 점점 드물어졌어요. 승객은 예상하는 정도의 서비스에는 '당연하다'라는 반응이었고 아주 작은 찰나의 순간에 기대 이상의 서비스를 진행하거나 문제를 유연하게 처리해서 승객에게 불이익이 없었을 때 만족했죠. 점점 사람들이 기대하는 서비스 기준은 높아지고 서비스 직군에서 일하는 직원들은 힘들어집니다.

저는 개인적인 문제나 동료들과의 관계에서 오는 감정적인 문제를 해소하지 못한 채 승객 앞에서 웃음을 유지하는 일이 어렵지는 않았어요. 밤을 지새우면서 일하고 강인한 체력을 요구하는 업무 현장의 문제 또한 참기 힘들 정도는 아니었습니다. 충분히 알고 시작한 일이었으니까요.

생각해 보면 승무원으로 근무하면서 스스로 만족스러웠던 적이 드물었어요. 도착지에 도착한 승객들이 내리면서 건네는 수고했다, 고생했다는 말에도 큰 보람을 느끼지 못하는 것이 사실 가장 큰 스트레스로 다가왔습니다. 비행을 시작하고 채 1년도 지나지 않아 승객들의 인사를 들으면 그동안의 힘듦이 씻겨 내려간다는 친한 동기들의 이야기에 크게 공감하지 못하는 내가 이상한 사람인가 하는 생각에 빠지기도 했어요.

저는 그날 하루 아무런 실수 없이 손님들에게 서비스한 것으로 만족했고 동료들에게 일 잘하고 손 잘 맞는다는 평가를 들을 때 더 보람을 느꼈습니다. 이런 저에게 서비스직 자체에서 즐거움이나 성취감을 얻는 것은 처음부터 어려운 일이었을지도 모르겠어요.

그렇게 복잡한 마음으로 긴 시간 회사에 다녔고, 퇴사를 결정한 후 코칭을 직접 받고 배우면서는 스스로 감정을 컨트롤하는 힘을 많이 길렀어요. 승객들의 반응에 하루에도 몇 번씩 감정이 오르내렸던 제가 '상대는 나와 같은 사람이 아니니 그럴 수도 있다'라고 이해하기 위해 노력했습니다. 그리고 짜증을 내거나 다른 사람들에게 이런 감정을 이야기하기보다는 제 삶에 더 집중하기 위해 내면을 탐구하며 긍정적이고 발전적인 시간을 가졌습니다.

'코치는 코칭을 받으려는 코치이(고객)의 삶에 롤 모델이 될 수 있도록 노력해야 한다.' 이 문장은 제가 코치의 역량을 공부하며 큰 감명을 받았던 문장이에요. 지금도 이 문장을 항상 가슴에 새겨 두고 있습니다. 코치는 모든 피코치자의 직업을 체험할 수도, 100퍼센트 이해할 수도 없어요. 하지만 코칭은 모든 것을 내려 두고 순수하게 그 상대방을 만나는 과정이기 때문에 한 인간으로서 말과 행동, 태도 등에 모범을 보이는 것이 중요합니다. 예를 들어 코치가 갑자기 일어난 부정적인 일 때문에 본인의 감정조차 통제하지 못하는 상태에서 타인의 고민을 들어 주는 것은 꽤 위험한 일이에요. 코치는 모두의 존재와 감정을 인정하고 타인의 관점을 마음 깊이 이해하고 받아들여야 합니다.

현재 코치와 강사라는 직업으로 삶의 많은 시간을 보내면서 궁금하고 호기심이 생기는 것은 무조건 배워야 하고, 끊임없이 역량을 키우고 발전해야 한다는 것을 매일 느낍니다. 사람들에게 경험과 전문 지식을 기반으로 한 양질의 강의를 하기 위해 계속해서 공부하고, 전달력 있는 화법과 스토리텔링을 위해 다른 강연을 듣는 투자도 필요합니다. 또한, 지루하지 않은 재미있는 강의를 진행하기 위해 많은 연구와 연습도 필요합니다.

제 강의를 들은 사람들이 고개를 끄덕일 때, 필요한 정보를 사진 찍어 가거나 노트에 필기하는 모습을 볼 때, 삶의 작은 변화를 위한 노력을 시작하는 모습을 볼 때 일하는 보람을 진하게 느껴요. 앞으로도 더 많은 사람에게 좋은 영향력을 미치는 사람이 되기 위해 전문적인 지식을 더 쌓고 그 지식을 실제 경험에 적용해 보는 시간이 필요하겠죠. 경험 없이 이론만 강조하다 보면 실무 능력이 부족해지고, 정확한 이론 공부 없이 경험만을 이야기하면 배우고자 하는 사람에게는 그저 '꼰대'로 보일 거예요.

직업에는 귀천이 없고 타인의 시선을 신경 쓰며 직업을 고르고 유지할 필요도 없다고 생각합니다. 스스로 보람을 느끼고 좋아하는 일이라면 무엇이든 좋다고 생각해요. 행여 지금 일이 크게 즐겁지 않더라도 내가 일 외에 다른 즐거운 무언가를 하기 위한 경제적 수단이라고 생각한다면 어려운 일을 견디는 동기 부여가 되지 않을까요? 가장 좋은 건 일에서 즐거움과 행복함을 느끼고 또 보람까지 느끼며 끊임없이 성장하는 것이겠지만요.

긍정적 에너지가 가득한 현재의 제가 서비스직에서 근무하는

과거의 나를 만나게 된다면, 지금 그 시간도 삶에서 분명 의미가
있는 시간일 테니 열심히 일하되 업무 외적으로도 즐거움을 찾아
보라고 조언해 주고 싶어요.

스탠포드 대학교의 존 크롬볼츠 교수가 이렇게 말했습니다.
"우리의 삶 속 모든 곳에서 계획된 우연은 계속해서 일어난다." 과
거에 지나쳐 온 어느 순간에 경험한 일이 나의 다음을 만드는 소
중한 첫걸음이 될 수 있기에 중요하지 않은 순간은 없습니다. 오
늘도 더 많은 사람의 삶 속에 계획된 우연을 선물하는 사람이 되기
위해 꾸준히 노력하는 코치가 될 것을 저 자신에게 약속합니다.

슬럼프
극복

긍정적인 마음가짐과 적극성

사회생활을 하면 누구나 한두 번쯤은 슬럼프를 겪게 됩니다. 슬럼프가 오면 바쁜 일들은 잠시 내려 놓고 내 삶의 의미를 찾아 보는 것이 좋아요. 나 자신에게 온전히 몰입해 내가 원하는 것이 무엇인지, 삶에서 이루고자 하는 것은 무엇인지 생각해 보는 거예요.

10년 넘게 서비스 업계에서 일하는 동안 저는 항상 제가 가고 있는 길이 옳다고 믿었어요. 경력을 계속 이어 나가기 위해 방향성을 잡고 서비스 분야에서 경력을 쌓았고, 어학연수를 다녀오고 학위 공부도 했으며 어학 능력도 꾸준히 발전시켜 왔습니다. 하지만 앞만 보고 살아 왔던 것이 어느 순간 허무함으로 다가왔어요. 특히 간절히 원했던 승무원이란 꿈을 이루고 난 뒤 비행이 익숙해지고 더 이상의 간절함이 사라질 때쯤 새롭게 내 마음을 잡아끌어 줄 꿈에 대한 갈증이 생겼습니다. 더 이상 꿈이 없다는 좌절감이 느껴질 때면 거창한 꿈은 아니더라도 단기적인 목표를 하나씩 만들려고 노력했어요.

카타르항공에 입사한 뒤로는 토익이나 오픽 같은 공인 영어 성적이 전혀 필요 없었지만 휴가 날에 토익 시험을 보거나 관심 있는 책 목록을 만들어서 몇 달 내에 읽는 등 나만의 'To Do List'를 만들었습니다. '비행할 때 가는 도시의 미술관을 꼭 다녀오기' 같은 작은 목표를 정하기도 했어요. 작은 목표를 하나씩 해내다 보면 소소하게 이루어 가는 삶의 뿌듯함을 느낄 수 있었습니다.

신입 시절에는 동료들과 다 같이 웃고 떠들고 정신없이 근무 시간을 보내다가 낯선 도시의 호텔에 도착해 방 열쇠를 받고 각자의 방으로 들어가는 것이 쓸쓸하게 느껴졌어요. 개인의 사생활을 존중해 1인실을 제공해 주는 회사가 고마웠지만 외로움에 쉽게 잠을 이루지 못했죠. 국내 항공사는 체류지에서 단체로 다닌다고 들었는데, 외국 항공사는 마음이 맞거나 같은 국적의 동료와 함께 비행을 가게 되면 같이 다니지만 대부분 혼자 돌아다니고 밥을 먹는 것이 일상이에요. 이 개인 활동이 처음에는 외로웠는데 시간이 지나면서 익숙해졌고 편해지기 시작했어요.

한 번은 스위스 취리히로 비행을 갔는데, 혼자 나갔다가 길을 잃은 적이 있어요. 호텔에서 버스를 타고 시내로 나가 여유롭게 산책도 하고 관광지 구경도 하고 쇼핑도 하면서 시간을 보냈죠.

그런데 막상 호텔로 돌아가려고 하니 아무 생각이 나지 않는 거예요. 게다가 핸드폰도 방전되어 길을 찾을 수도 없었습니다. 아무도 모르는 낯선 곳에 혼자 남겨진 기분이었어요. 그렇게 예쁘고 아름답던 풍경들이 눈에 보이지도 않는 상태가 되었지만 일단 마음을 다잡고 걷기 시작했습니다. 걷다 지칠 때쯤 우연히 만난 경찰들이 친절하게 호텔까지 태워 준 덕분에 무사히 숙소에 갈 수 있었어요. 이 사건 이후에는 혼자 돌아다닐 일이 생기면 미리 핸드폰 충전도 충분히 하고 나가기 전에 길을 한 번 더 체크하는 버릇이 생겼습니다.

낯선 곳에서 길을 잃고 헤맨 경험이 그리 나쁘지만은 않았어요. 한 번 길을 잃어 봤으니까 다음에 또 길을 잃더라도 덜 당황할 것이고 전 세계 어느 곳으로 비행을 가도 혼자 다닐 수 있겠다는 자신감이 생겼거든요. 이후로는 새로운 기분을 느끼고 싶을 때면 쉬는 날 혼자 여행을 다녔어요. 카타르에서는 6~7시간이면 유럽에 갈 수 있어 주로 유럽으로 여행을 다녔는데 돌아다니다가 배고프면 레스토랑에 들어가서 먹고 싶은 것을 먹고, 가 보고 싶었던 미술관에 가서 여유롭게 작품을 감상하는 것이 좋았습니다. 걷다가 예쁜 장소가 나오면 한없이 머물러 있을 수도 있었어요. 여럿이서 복잡하게 몰려다니면서 수박 겉핥기식으로 유명 관광지만 보는 것이 아니라 혼자서 여유롭게 구석구석 둘러보는 여행의 재미를 알게 되었어요.

삶의 의미를 찾는 것도 비슷한 것 같아요. 남의 시선을 의식하기보다는 우선순위를 나 자신에게 두고 나의 행복을 위해 노력하는 것이 중요합니다. 업무로 지치거나 마음이 힘들 때 나만의 방법으로 기분을 전환하면서 일상의 스트레스를 긍정의 기운으로 바꿔 나갈 수 있어요.

한국에서 살 때는 잘 몰랐었는데 카타르에서 생활하다가 한국으로 돌아왔을 때 남의 시선을 의식하는 사회 분위기에 적응하는 게 정말 힘들었어요. 요즘은 덜하지만 다른 사람들과 비슷한 모습으로 살지 않으면 그 사람을 특이하게 보거나 문제가 있는 사람으로 여기는 사회 분위기가 여전히 존재하잖아요? 그래서 제가 하고 싶은 일이나 제 삶의 방향성을 다른 사람들 앞에서 자신 있게 이야기하는 것이 꺼려질 때도 있었어요. 하지만 사람은 혼자 살 수 없기에 저처럼 적극적인 삶을 사는 사람들의 모임을 만들고 새로운 것들을 배우는 모임에 참여했습니다.

여러 모임에서 열린 마음으로 다른 사람의 생각을 받아들이고 경청하는 사람들을 많이 만날 수 있었어요. 자신의 삶에 대해 늘 불평하고 그 자리에 안주하는 사람들을 피하고, 다른 사람의 말을 들을 줄 알고 기분 좋은 대화를 이끌어 가는 사람들을 만나다 보니 저 또한 그들을 닮아 가고 긍정적인 사람이 되었습니다. 이렇듯 부정적인 사람을 가까이 두면 이전까지 평온했던 내가 불안정해지고 좋은 사람과 함께 하면 파도치듯 흔들렸던 내 삶이 그 사람을 닮아 가면서 잔잔해집니다.

쉼 없이 달려가다가 슬럼프가 찾아오면 삶의 방향성을 다시 한 번 생각해 보세요. 내면의 아름다움을 위해 노력하는 것이 자존감을 지키는 가장 좋은 방법이에요.

번아웃을 이기는 방법

번아웃의 의미와 과거 일에 대한 나의 태도

우리나라 사회에서 학생은 학업에 대한 부담과 스트레스를, 직장인은 자신의 업무에 대한 중압감을 안고 살아갑니다. 치열한 경쟁 사회에서 피하기 힘든 현실이죠. '번아웃 증후군Burnout syndrome'은 이러한 사회 분위기가 만들어 낸 산물인 것 같아요. 특히 커다란 포부를 이루기 위해 지나치게 엄격한 태도로 전력을 다해 일에 몰두하는 사람에게 찾아오는 경우가 많습니다. 자기 자신이 가진 연료를 다 불태워 버려서 무기력해지고, 슬럼프에 빠지게 돼요.

사람마다 성격이나 가치관이 가지각색이라 같은 상황이라도 느끼는 스트레스 강도가 다르듯이, 일에 대한 태도나 성향에 따라 느끼는 번아웃의 정도도 다릅니다. 저는 일에서 받는 스트레스 강도가 다소 센 편이었어요. 과거의 저는 일을 할 때 목표 지향적이었고, 일을 가장 우선시했습니다. 일의 가치가 나를 성장시키는 잣대라고 생각했기 때문에 때로는 무리하게 계획을 하곤 했어요. 계획은 물론 좋은 것이지만 과거의 저는 그 과정을 즐기지 못했던 것 같아요. 계획한 대로 실천하지 못했을 때 스스로에 대한 실망감도 컸고요. 지금 생각해 보면 가장 아쉬운 부분이에요.

나의 번아웃 이야기

저는 첫 취업 후 뭐든 열심히 하고 싶은 마음과 완벽주의 성향 때문에 일에 크게 몰두하면서 처음으로 번아웃을 경험했습니다. 당시에 쌓인 스트레스를 제대로 해소하지 못했어요. 사회초년생이었던 저는 미래를 멀리 내다보지 못하고 앞에 놓인 일에만 매몰되어 있었어요. 그렇게 스트레스는 계속 쌓였고, 결국 제 건강에도 영향을 주었습니다.

강사를 준비하면서도 큰 슬럼프를 한 번 겪었어요. 일과 이직 준비를 병행할 때였습니다. 일과 자기계발, 성장에 대한 욕심으로 무리한 계획을 세우다 보니 휴가 기간에도 집에서 일하곤 했어요. 직접적인 업무를 하지 않더라도 수시로 업무 관련 사항을 확인하면서 제대로 된 휴식을 취할 수 없는 환경으로 스스로 몰아갔던 거예요. 스케줄 근무를 하면서 강사 양성 학원에 다녔고, 자격증도 단기간에 따려고 무리하게 계획을 세웠습니다. 새로운 것에 도전하는 과정이었기에 쉬면 괜히 더 불안했던 것 같아요.

이런 무리한 계획과 실천이 저를 더 빨리 지치게 했습니다. 꿈이 있다는 것은 행복한 일이고 그 꿈을 향해 한 발자국씩 다가가는 과정도 즐길 수 있어야 하는데, 결과만 생각하고 실패했을 때의 걱정, 자책 등을 하며 불안해했어요. 아마 수많은 20대, 30대 청춘들이 취업이나 이직, 새로운 도전을 준비할 때 이런 스트레스를 받을 거예요. 저 또한 그랬고요.

지금 와서 돌이켜 보면 이런 경험이 생각의 방향을 전환하는 계기가 되었지만 정말 중요한 것은 새로운 도전, 계획 또는 업무를 실행할 때 연료를 다 써서 탈진하지 않게 관리해야 한다는 것입니다. 몸과 마음에 적절한 휴식을 주어야 더 효율적으로 일할 수 있어요.

번아웃 극복을 위한 노력

혹독한 번아웃을 겪은 후 저는 저만의 스트레스 해소법을 찾고, 여행이나 취미 생활을 할 때는 일에 대한 생각을 잠시 내려놓고 온전한 휴식 시간을 보냈어요.

특히 회복탄력성(힘들고 어려운 상황에서도 좌절하지 않고 견뎌 내 다

시 일어나는 힘) 관련 책들을 많이 찾아 읽었습니다. 슬럼프를 극복
한 사람들의 극복 방법과 에너지를 찾은 계기가 저에게도 큰 힘이
되었어요.

과거에는 자기계발 도서를 많이 읽었어요. 그런데 요즘에는 행
복이나 삶의 의미가 담긴 책 또는 시집 등을 읽으며 잠시 저를 되
돌아보는 여유로운 시간을 보내는 것을 더 좋아합니다. 그 시간
만큼은 생각을 환기하면서 나 자신을 억누르던 상황을 다른 시선
으로 바라보는 것이죠.

슬럼프일 때 여행도 새로운 활력소가 됩니다. 저는 승무원이었
을 때 자주 여행을 다니며 세상을 보는 시야도 넓히고 지친 마음을
재충전하며 성숙해질 수 있었어요. 먼 곳으로의 여행이 아니어도
괜찮습니다. 어디든 여행을 하면서 힘들었던 생각들을 잠시 내려
놓으면 지금의 상황을 한 발짝 떨어져서 볼 수 있게 되고, 손에 꽉
쥐고 있던 일들을 객관적으로 파악할 수 있게 됩니다.

우리는 모두 마라톤 선수다

사람마다 번아웃 극복 방법이 다르겠지만, 극복하는 사람들의
공통점은 '긍정적인 마음가짐'이에요. 지친 상황 속에서도 긍정적
인 의미를 발견하는 것이 무엇보다 중요합니다.

슬럼프에 빠졌다는 생각이 들 때 예전에는 자책하거나 좌절했었다면, 요즘은 마라톤을 떠올려요. '나는 지금 장거리를 달리는 마라톤 선수다. 중간에 휴식도 취하며 재충전해서 골인 지점까지 완주하자!'라며 스스로를 위로합니다. 지금의 힘든 과정을 마라톤이라고 생각하면 조급했던 마음이 안정돼요.

장거리 달리기인 마라톤에서 처음부터 욕심내 속도를 높이면 금세 지치게 되고 페이스 조절에 실패해 중간에 포기하게 될 수도 있어요. 새로운 목표를 향해 달려갈 때도 마찬가지입니다. 끝까지 달려갈 수 있게 에너지도 페이스 조절해야 합니다. 여러분에게 예기치 못한 슬럼프가 찾아왔다면 꼭 건강한 마음과 에너지를 재충전해서 다시 달려 보세요.

손으로 정리하는 인생 플랜

저는 목표를 세우고 그 목표를 이루기 위해 매 순간 바쁘게 살기 때문에 휴식이 짧은 편이에요. 제대로 쉴 시간이 충분하지 않고, 저 자신에게 엄격한 기준을 두기 때문에 스트레스가 꽤 큰 편이지만, 어려운 목표를 하나하나 성취할 때 느끼는 큰 쾌감은 말로 표현할 수 없어요.

승무원 준비를 할 때 《이지성의 꿈꾸는 다락방》이라는 책을 보며 많은 도움을 받았어요. 작가는 생생하게 꿈꾸고 간절하게 원하면 그 꿈을 반드시 이룰 수 있다고 이야기하며 꿈을 꾸는 다양한 방식을 설명했어요. 이 책을 읽고 꿈의 노트를 직접 만들고 '승무원 면접에 합격한 후 가족들에게 쓰는 편지', '그동안 고생한 나에게 하는 수고의 말', '긍정의 멘트'를 상상하고 직접 글로 써 보면서 대한항공 승무원의 꿈을 이뤘습니다.

어떤 일을 무한으로 신뢰하는 것이 그 일을 성공하게 만드는 힘인 것 같아요. 간절하게 생각하고 상상하면서 스스로 그 상황을 만들어 가기 위해 어떠한 노력도 불사하며 최선을 다하는 마음가짐이 꿈을 이루는 원동력이 됩니다.

작은 성취의 힘을 믿으며 끊임없이 도전하고 있지만, 저에 대한 믿음이 흐려지거나 하고자 하는 일의 진행이 느려질 때 슬럼프가 찾아오곤 해요. 예를 들어 올해 초에 세운 계획에 의하면 6월쯤에 절반 정도는 목표를 달성해야 하는데 기대치 이하의 목표를 달성하면 지금 잘하고 있는 것인지, 너무 여유를 부린 것은 아닌지 자책하며 수렁에 빠집니다.

슬럼프를 겪을 때 지금도 잘하고 있고 더 잘할 수 있다며 스스로 위로해 보지만 제대로 된 길을 가고 있는 것인지, 이대로 가면 내가 원하는 모습에 도달할 수 있을지 의구심을 갖는 순간 제 마음은 정말 한없이 무너져요. 조금 더 솔직히 말하자면, 이런 순간이 저에게 꽤 자주 찾아오는 편이에요. 그럴 때면 우선 최대한 빠르게 감정을 정리하고 이성적인 상태를 유지하기 위해 노력합니다. 우울이라는 감정에 잠식되지 않기 위해 정신을 차리려고 해요.

일단은 말수를 최대한 줄입니다. 말은 글보다 더 크고 무서운 힘이 있다고 생각하기 때문이에요. 누군가를 좋아하는 감정을 느꼈을 때 혼자서 생각할 때는 아주 작은 감정이고 숨길 수도 있는 크기지만 누군가에게 말해 버리면 그 크기가 걷잡을 수 없이 커지는 것처럼요. '머리로 생각하고 입으로 표현한다'는 것은 그 감정을 실제로 받아들이고 인정한다는 것이 됩니다. 그리고 내가 한 그 말이 다시 내 귀로 들어오는 것을 느끼며 2차적인 생각의 회로가 열리죠. 감정의 단위에서 현실로 다가오게 되는 순간이에요.

부정적인 감정 또한 마찬가지입니다. 나 자신을 못 믿겠다는 생각은 단순한 우려지만, 그 생각을 누군가에게 말로 풀어내는 순간 상대방도 알게 되고, 나의 상태를 알게 된 상대방은 신뢰를 잃을 가능성이 커집니다. 실제로는 내가 일을 굉장히 잘하고 있음에도 불구하고 상대방조차 나에게 부정적인 시선을 던질 여지를 주게 되는 것이죠.

저는 이런 감정이 생기면 다이어리를 펼쳐 두고 무작정 글을 써 내려갑니다. 지금의 상황을 이성적이고 객관적으로 바라보기 위해 현재 무엇이 문제고 고민인지 기록해요. 줄글로 쓰는 게 어려울 때는 단어로 표현하거나 마인드맵으로 고민을 그리기 시작합니다. 이렇게 감정을 글로 풀어내고 나면 마치 누군가에게 털어놓은 것처럼 속이 시원해져요. 고민을 쓰고 나면 거기서 끝나는 것이 아니라 문제 해결 방법이나 새로운 계획도 생각합니다.

이 모든 과정을 끝내고 새로운 계획까지 점검하면 저와 가장 가까운 사람이자 제 모든 것을 응원해 주는 남편에게 고민의 시작과 그때의 감정 그리고 마지막으로 도달한 생각까지 털어놓아요. 남편은 처음에는 제가 고민을 바로 이야기하지 않는 것을 걱정하고

서운해했어요. 하지만 일에 대해서는 부정적인 감정이나 생각을 표현하지 않는 것이 좋다는 제 생각에 동의해 주고 이제는 그 시간을 기다려 주는 여유도 생겼습니다.

극도의 스트레스를 받을 때 누구나 그 상황을 피해서 도망가고 싶다는 생각을 합니다. 일단 현실을 회피하고 한 걸음 떨어져서 다른 관점으로 더 나은 방법을 찾는 사람도 있죠. 그것 또한 건강하고 좋은 해결 방안이 될 수 있어요. 하지만 저는 회피를 해도 끊임없이 같은 생각을 반복하며 다른 일에도 집중하지 못하는 스타일이라 문제를 직면해서 해결하는 편입니다.

슬럼프를 극복하는 저만의 방법을 소개했지만, 이 방법이 모두에게 좋은 것은 아닐 거예요. 자신에게 맞는 방법으로 감정을 다스리면 됩니다. 아직 스스로 그 방법을 찾지 못했다면 다른 사람의 방법을 참고해 나만의 방식을 만들어 보세요. 부정적인 감정을 긍정적으로 바꾸는 나만의 꿀팁! 꼭 찾아 보세요.

나답게
일할 시간

스스로 만들어 가는 나의 삶

우물에서 뛰쳐나간 개구리

저는 20대 초반, 특1급 호텔의 인턴을 시작으로 고객 서비스 업무를 하게 되었어요. 그때까지 제가 생각했던 회사원은 9시에 출근해서 6시에 퇴근하고 주말에는 쉬면서 가족들과 함께하는 모습이었죠. 그런데 막상 호텔에서 근무해 보니 주말·공휴일 상관없이 출근하고 보통 남들이 쉬는 휴일에 가장 바쁘며 남들이 일하는 평일에 쉬더라고요.

텃세가 심한 호텔 업계에서 신입으로 일하는 게 힘들었지만 그만큼 배우는 것도 많았기에 인내심을 가지고 버텼습니다. 그리고 같은 직장에서 오랫동안 일을 하는 선배들의 모습을 살펴보게 되었어요. 선배들은 연차가 쌓인 만큼 보수도 괜찮게 받고 안정적인 생활을 하고 있었어요. 그런데 변화를 좋아하지 않고 그 자리를 계속 지키고 싶어 했고, 한 자리에만 머물러 있어서 넓게 보지 못하는 우물 안 개구리 같다는 생각이 들었습니다. 그 모습이 10년 혹은 20년 후의 나의 모습이라고 생각하니 견딜 수가 없었어요. 더 발전하고 싶었던 저는 오랜 고민 끝에 호텔 일을 하면서 항상 부족하다고 생각했던 영어 공부를 하기 위해 호주로 어학연수를 떠났습니다.

호주에서의 시간은 고정관념으로 꽉 막혀 있던 저를 새로운 세상으로 이끌어 주었어요. 저와 같은 목적으로 각국에서 영어 공부를 하러 온 친구들을 사귀면서 서로의 다름을 이해하고 새로운 문화를 인정하고 받아들일 수 있었죠. 제가 가지고 있던 지식은 한없이 얕은 것임을 알았고, 학업으로 배우는 것을 뛰어넘어 새로운 세상에서 직접 부딪치며 낯선 것들을 포용할 수 있게 되었어요.

호주에서 많은 것을 배우고 한국에 돌아와 다시 호텔에 입사했습니다. 열심히 일한 덕분에 동료들의 추천을 받아 올해의 우수직원으로 선정되는 영광을 안기도 했어요. 한 곳에만 머물러 있지 않기 위해 적극적으로 부서 이동도 하고, 마지막에는 VIP 고객들을 응대하는 'Executive Floor Lounge'에서 일하면서 경력을 확장할 수 있었습니다. 또 좀 더 프로페셔널한 호텔리어가 되기 위해 영어뿐만 아니라 일본어와 중국어 공부도 하면서 스스로 발전해 나가는 뿌듯함을 느낄 수 있었어요.

스물아홉, 새로운 것에 도전할 나이

29살이 되던 해에는 서른이 되기 전에 꼭 하고 싶은 일을 생각하기 시작했습니다. 그러다가 채용 조건에 나이 제한이 없는 중동 항공사의 승무원이 되기로 했어요. 면접에 집중하기 위해 퇴사를 결심했을 때는 주변의 거의 모든 사람이 저를 걱정하기 시작했죠. 곧 서른인 여자가 잘 하던 일을 그만두고 새로운 도전을 한다고 하니 그럴 만했어요. 호텔에서 꾸준히 경력을 쌓으면 승진도 할 수 있고, 앞으로 생길 호텔들도 많아서 무한한 가능성이 있다고 동료나 선배들이 저를 만류하기 시작했어요. 하지만 제 마음은 이미 중동에 가 있었고 외국 항공사 승무원이 되기 위해 준비해야 하는 것들을 알아보기 시작했습니다.

카타르항공에서 승무원으로 근무하다 온 후배가 카타르항공에 대한 많은 정보를 주었어요. 대학교 복학 제도 때문에 어쩔 수 없이 1년만 근무하고 돌아와서 아쉽다는 말과 함께 카타르항공의 많은 장점을 얘기해 주었죠. 덕분에 주변 사람들이 걱정하던 중동에서의 삶이 두려움보다는 설렘으로 다가왔습니다.

호텔을 퇴사한 후 외국 항공사 승무원 양성 학원에 등록하고 영어와 승무원 면접 스터디를 반복했어요. 그렇게 몇 번의 도전과 실패 끝에 카타르항공의 합격 이메일을 확인하던 그 순간은 지금껏 살면서 느껴 보지 못했던, 온몸이 떨릴 정도로 짜릿한 기쁨의 순간이었습니다. 이렇게 한 곳에만 머무르지 않고 도전을 즐겁게 받아들이며 스스로 채찍질해 한 단계 더 발전할 수 있었어요.

카타르에서 다시 한국으로

카타르에서 6년 가까이 일하는 동안 수시로 바뀌는 불규칙한 스케줄과 매번 다른 시차에 적응하며 어느 순간부터는 잠에서 깰 때 속으로 '여기가 어느 나라였지?' '나는 지금 어디에 있는 거지?' 라고 생각하면서 일어나기 시작했어요. 입사 초반에는 새로운 나라에 간다는 설렘으로 비행 내내 일하는 것이 즐겁고 피곤하지 않았는데, 3년 정도 지나니 쉬는 날 제가 호텔 침대에서 내내 잠만 자더라고요. 이제 그만 일을 쉬어야 할 때가 온 것 같다는 생각이 들었어요. 승무원으로 사는 삶을 불평하기도 했습니다. 한국에서의 삶이 그리웠고 주말이 있는 평범한 생활을 하는 사람들이 부러웠어요. 그렇게 여러 이유와 계획들을 가지고 사직서를 제출했습니다.

퇴사 후 한국으로 돌아오자마자 결혼 준비를 하면서 대학원에 입학했습니다. 6년 만에 다시 돌아온 한국에 적응하면서 대학원 첫 학기를 다니느라 몇 개월 동안 다른 일은 하지 않았어요. 처음에는 이 시간이 오랫동안 수고한 나에게 주는 선물이자 꿈 같은 휴식이 되지 않을까 기대했는데 그 즐거움은 딱 한 달 가더라고요. 10년 넘게 일했던 습관이 몸에 배어 있어서 그런지 일을 하지 않는 상황 자체가 갑갑하고 지루해졌어요.

퇴사 준비를 하면서 한국에 있는 지인들에게도 이 사실을 알렸어요. 지인들은 그동안 고생했으니 이제 푹 쉬라면서 결혼하면 바로 출산도 계획해야 하지 않냐고 물었어요. 제 미래의 목표나 꿈을 묻는 사람은 없었습니다. 한국에서의 삶은 또래와 비슷하게 사는 것이 정답인 것처럼 느껴졌어요. 개인적인 경험을 예로 들며 여성으로서 살아가는 삶에 조언을 하는 사람도 있었고, 심지어 본인이 살아온 삶처럼 저도 똑같이 살기를 바라는 사람도 있었어요.

반면 카타르나 다른 여러 나라에서 거주하는 지인들과 친구들은 저의 퇴사 결정을 함께 기뻐해 주고 다음 단계는 무엇인지, 계속 같은 방향으로 경력을 쌓아 나갈 것인지 물었어요. 정말 간절히 원했던 항공승무원이라는 꿈을 이루고 난 후에는 삶의 가치를 어디에 두어야 할지, 다음에는 어떤 일을 해야 할지에 대한 생각만 있을 뿐 승무원 준비를 했을 때만큼의 열정이나 간절한 목표가 없었는데, 다양한 삶을 사는 친구들과 대화하며 앞으로의 삶의 방향에 대해 깊이 있는 고민을 하게 되었습니다.

사회에서 만난 소중한 인연들

    누군가는 학창시절 친구야말로 진정한 친구라고 말하지만 저는 호텔과 항공사에서 만난 사람들과 진정한 우정을 나누고 있어요. 같은 직장에서 비슷한 고민을 하며 서로의 생각을 나누고 의지하다 보니 끈끈한 사이가 되었죠. 특히 카타르항공에서 승무원으로 일하면서 만난 친구들은 동료애를 넘어 전우애를 느낄 정도로 가까운 사이가 되었습니다. 특히 같은 숙소 건물에서 지냈던 친구들은 쉬는 날마다 함께 음식을 해 먹고 아플 때도 서로 챙겨 주면서 생활했었기에 가족처럼 느껴지기도 해요. 이 책을 읽는 여러분도 살아가면서 만나는 모든 사람들을 소중히 여기고 순간순간 최선을 다한다면, 힘겨운 사회생활 속에서도 빛나는 인연들을 만날 수 있을 거예요.

30살, 용기가 필요한 때

일을 통해 얻은 것들

그토록 바라던 첫 꿈을 실현했을 때는 앞으로 행복한 일들만 남았다고 생각했어요. 그런데 일을 시작하고 나니 또 다른 힘든 나날들의 연속이었죠. 첫 사회생활의 어려움은 아마 모두 겪어 보셨을 거예요. 진로에 대한 걱정과 고민은 취업만 되면 다 사라질 줄 알았건만, 그때와는 다른 힘듦과 고민이 있더라고요.

첫 사회생활에서 가장 힘들었던 점은 스스로 판단하고 결정하는 일이었어요. 겪어 보지 못한 일을 맞닥뜨렸을 때 어떻게 행동하는 것이 옳은 것인지에 대한 확신이 없었기 때문이에요. 그런데 이런 상황들은 경험을 통해 자연스럽게 해결되었습니다. 예상치 못한 상황을 여러 번 겪고 해결하는 경험을 통해 노하우를 얻었어요.

그렇게 점차 판단 능력도 생기고, 스스로의 결정을 확신할 수 있게 되었습니다. 이처럼 사회생활을 하며 배운 것들이 정말 많았어요.

제가 가장 먼저 배운 것은 동료들 간의 배려와 예절 그리고 팀워크였습니다. 누군가의 실수가 상대에게 피해를 줄 수 있고, 사람의 이해관계가 업무에도 큰 영향을 줄 수 있다는 것을 깨달았어요. 이러한 점은 일을 통한 경험이 없었더라면 깨닫지 못했을 거예요. 과거의 제가 주어진 업무에만 매진했다면, 현재는 주변 이해관계나 동료들 간의 소통을 더욱 중요하게 생각합니다. 팀워크가 좋을 때 일의 효율도 높아진다는 것을 경험으로 알았기 때문이에요.

그리고 일을 하며 한층 더 무거운 책임감을 느끼게 되었어요. 학창 시절에는 선생님의 지도를 따르는 일이 많았지만, 사회생활에서는 제 판단에 의한 '선택'과 그에 따르는 '책임'을 매일 마주하기 때문입니다. 삶에 완벽한 답은 없지만 어떠한 결정을 내리든 스스로 책임질 수 있는 선택을 하며 더 단단하고 성숙해졌어요.

나의 일의 가치와 원동력

한 TV 다큐멘터리에서 꿈에 그리던 대학에 가기 위해 남들은 늦었다고 할 나이에 끊임없이 공부해서 합격한 70대 할머니의 이야기를 본 적이 있어요. 인터뷰 중에서 '배움이란 늦은 때가 없고, 삶을 가치 있게 한다'라는 말이 정말 인상 깊었습니다. 저에게도 일이란 끊임없는 '배움'이에요. 일을 통해 새로운 것을 경험하고 배울 수 있으며 나아가 일 덕분에 삶에 변화가 생기기도 하죠.

20대에 사회생활에서 배운 것과 30대가 되고 나서 깨달은 것은 또 달랐어요. 일하고 나이를 먹으면서 삶을 바라보는 시선이나 가치관이 변했습니다. 20대 때는 일을 통한 자기계발과 성장에 초점을 맞추어 배움의 즐거움을 얻었다면, 서른이 되고 나서는 나의 삶을 다른 가치로도 의미 있게 보낼 방법을 고민하게 되었어요. 더불어 타인과의 관계 속에서 얻는 삶의 가치도 알게 되었습니다.

아리스토파네스가 '우리가 자신을 완성하기 위해 타인을 필요로 한다'라고 말했듯이 사회와 타인과의 관계 속에서 자신의 가치를 느낄 때 비로소 삶의 의미를 찾을 수 있다고 생각해요. 저도 타인에게 도움이 되고 좋은 영향을 줄 때 가장 보람을 느낍니다. 승무원이었을 때는 다양한 승객을 서비스하며 그들의 여행에 편안함과 즐거움을 제공한다는 것에 보람을 느꼈고, 현재는 강사로서 누군가를 좋은 방향으로 이끈다는 것에 보람을 느낍니다. 지금의 이 삶이 저를 더 행복하게 해 주었고, 더 '나다운 삶'이라는 생각이 들어요. 이것이 바로 제가 열심히 일하는 원동력이기도 합니다.

때론 일이 주는 스트레스도 있지만, 그것을 대면하고 해결하는 과정에서 또 다른 나의 모습을 발견하고 의미 있는 삶을 보내기 위

해서 노력하고 있습니다. '일의 가치를 통해 나의 내면을 더 알아
가고 나를 더 사랑해야 한다.' 제가 서른 살의 나이에 용기 있게 이
직을 선택할 수 있었던 것도 이런 이유 때문이 아닐까 생각합니다.

30대, 다시 일하기 딱 좋은 나이

우리는 때때로 한 번도 가 보지 않은 길에 대한 두려움과 망설
임으로 머뭇거립니다. 특히 30대에는 '어떤 일을 새롭게 시작하기
에 이미 늦어 버린 것은 아닐까?' 하는 고민으로 더 주저하게 되는
것 같아요. 이때 필요한 건 바로 '용기'입니다. 물론 불안하고 걱정
스러운 점이 많을 수 있죠. 하지만 머뭇거리는 동안 놓친 기회는
큰 후회를 남길 수 있습니다. 결국 용기를 내서 선택하는 일은 나
자신에 대한 믿음과 의지에서 결정됩니다.

이때 '미래 계획'도 중요해요. 이 계획이 의지의 실천에 도움을
주고 현재를 더 의미 있게 보내게 하는 자극제 역할을 하기 때문
입니다. 서른 살의 제가 새로운 분야로 이직할 수 있었던 것도 구
체적인 계획이 있었기 때문이에요. 강사라는 제2의 꿈을 이룬 과
정도 나만의 계획을 세우는 것에서부터 시작했습니다.

때론 슬럼프도 겪었고 자신감을 잃을 때도 있었어요. 하지만 남
과 비교하지 않고 오롯이 자신에게 집중하는 시간을 갖는 것이 힘

이 되었습니다. 잘하고 있는 걸까 불안해하며 힘든 순간이 올 때마다 제가 극복했던 방법은 '작은 것부터 실천'하는 것이었어요. 이 실천 하나가 꿈을 향해 가는 한 걸음이라고 생각하니 불안과 걱정은 점차 사라지고 용기를 얻을 수 있었습니다. 이 과정을 즐기다 보니 어느새 꿈을 이룰 수 있었어요.

새로운 도전을 할 때 성공 아니면 실패라는 이분법적 생각 대신 스스로 용기 내서 선택한 과정에서 겪은 소중한 경험이 나를 성장시키는 거름이 될 것이라고 생각해 보는 건 어떨까요? 다신 오지 않을 기회에 최선을 다했다면 결과가 좋지 않아도 후회할 필요 없어요. 그것은 실패도 아니에요. 우리를 더 단단하게 만들어 주는 하나의 계기가 될 거예요.

주춤하고 머뭇거릴 수 있는 30대에 용기를 낸다면 더 멋진 삶을 만들어 갈 수 있습니다. 앞으로 다가올 여러분의 시작과 용기를 응원합니다.

언제 어디서나 Doing!

외동딸로 자란 저는 어려서부터 골목대장 기질이 있었어요. 발레나 웅변 등을 꾸준히 해서 무대에 오르거나 남 앞에서 말하는 것에 큰 어려움이 없었죠.

대학교 학사 과정을 마친 후 이렇게 뒤늦게 열을 올리며 공부하게 될 줄은 전혀 몰랐어요. 어릴 적 성적이 좋은 편도 아니었고요. 하지만 어렸을 때 제 머릿속을 가득 채웠던 생각은 '무조건 멋진 사람이 되고 싶다. 내가 성공해야 좋은 남편도 만나고, 좋은 가정도 꾸리고 그 앞에서 당당할 수 있다'였어요. 이런 저의 독립적인 성향이 어디서 기인하는지는 정확히 알 수 없지만 '여자'라서 받는 배려와 이해를 최대한 피하려고 노력하며 살아 왔습니다.

사회생활을 하면서 여자이기 때문에 존재하는 신체적, 체력적 한계를 제외하고 개인의 능력이나 노력에 따라 달라질 수 있는 것에서는 평등하게 경쟁하고 꾸준히 노력하는 태도가 중요하다고 생각해요.

제가 호스트로 함께 참여하고 있는 팟캐스트 〈직장인의난〉에서 여러 직장인의 사연을 듣는데, 회사에서 부당한 일을 겪은 여성 직장인의 사연을 들으면 참 마음이 아파요. 하지만 그러한 경험 뒤에 웅크리고 주저앉아 아무 행동도 하지 않으면 한 걸음 더 물러서는 결과를 초래할 수 있어요.

'꼭 멋진 사람이 되자'라는 제 결심을 지키기 위해 다짐한 것은 '결혼이든 출산이든 계속해서 나의 상황이 바뀌더라도 일을 하는 행위를 유지하자'였습니다. 여기서 제가 말하는 일은 'Working'이 아니라 'Doing'을 의미해요. 의미 없는 일은 없고, 아무것도 하지 않는 것보다 무엇이라도 해 보려는 의지와 작은 도전들이 결국 어떤 것을 만들어 냅니다. '내가 잘할 수 있을까? 이 일이 재미없으면 어쩌지? 생각처럼 잘 안 되면 어쩌지?' 등의 고민에 휩싸여 아무것도 하지 않는 동안에도 시간은 계속 흘러요. 당장 시작해 보는 것만으로도 좋은 결과를 얻을 가능성이 커집니다.

제가 승무원으로 근무하면서 이직을 생각했을 때 '그만두고 나서 어떤 일을 하면 좋을까? 내가 무슨 일을 해야 잘할 수 있을까?'를 항상 고민했고, 어느 정도 답을 찾으면 바로 그다음 모습을 구체적으로 그리는 일을 반복했어요. 많은 사람 앞에서 전문 지식을 강의하려면 다독하는 게 좋을 것 같아 열심히 책을 읽었고, 도움이 되는 자격증을 취득했습니다. 퇴사 후 100일 동안 블로그에 고민을 담은 일기를 매일 올리기도 했는데, 이때 쓴 것이 지금의 직장인 라이프 코칭에 도움이 돼요. 나의 오늘 하루가 미래의 나에게 좋은 기회가 될 수도 있다고 생각하면, 하루를 절대 허투루 보내고 싶지 않은 게 솔직한 마음이에요.

제가 생각하는 이상적인 일은 '내가 좋아하는 분야면서 내 역량을 발휘하고 향상심까지 가질 수 있는' 것이에요. 여러분도 이런 일을 찾을 수 있다면 하루하루가 행복할 거예요. 현재 제가 몇 가지 진행하고 있는 일이 있는데 그 자체가 참 즐겁고, 작은 성과라도 꾸준히 내서 이 분야에 좋은 영향력을 미치고 싶다는 바람으로 자주 행복을 느낍니다. 미국의 심리학자 매슬로의 '인간 욕구 5단계' 중 가장 상위 욕구인 '자아실현의 욕구'로 볼 수도 있겠네요.

돈은 많이 벌지만 계속하다가는 죽겠다 싶은 일보다 상대적으로 적은 돈을 벌더라도 워라밸을 보장받는 일이 낫다는 생각을 해본 적 있나요? 요즘은 돈보다 그 밖의 다양한 가치를 추구하는 시대예요. 돈을 많이 버는 일보단 남의 시선을 신경 쓰지 않고 내가 즐겁게 할 수 있는 일에 뛰어드는 시대죠. 이런 '자아실현'이 거창해 보일 수도 있지만, 간단하게 생각해 보면 '목표를 이뤄서 기쁨을 느끼는 것'이에요. 무조건 큰 목표를 세울 필요는 없어요. 소소한 목표도 좋습니다. 각자 1개월, 6개월, 1년의 목표를 세우고 하나씩 달성해 보세요. 그 과정 모두가 자아성취 즉, 자아실현의 과정입니다.

이번 장에 '30대, 다시 일할 나이'라는 제목을 붙인 것은 20대는 치열하게 취업 준비를 하고 입사한 회사에서 어떻게든 버티며 보내지만 30대는 여성의 인생에 많은 변화가 생기는 시점이라고 생각했기 때문이에요. 더 나은 회사로 이직을 하거나 결혼해 가정을 꾸리기도 하고 임신과 출산을 겪으며 생명의 신비를 경험하기도 하죠. 혹은 비혼을 결심하는 사람도 있어요. 이렇게 삶에 다채로운 변화를 겪게 됩니다.

특히, 결혼 후 출산과 육아의 과정을 거치면서 여성의 경력이 단절되는 경우가 많죠. 하지만 가능한 한 여러 방면으로 'Doing'을 시도해 보는 것이 좋아요. 저도 이 책을 쓸 시점에 임신을 했어요. 임신 기간에 여러 가지 제약을 고려해서 지방이나 외부 출강을 줄이고 나의 브랜드 가치를 올리는 방법을 고민했어요. 직접 홈페이지를 만들고 강의 프로그램을 정리하는 과정에서 새로운 아이디어가 떠올랐고, 실제로 출산 후 진행할 좋은 프로젝트를 계약하는 기회도 생겼어요. 여러분도 포기하지 마세요. 도전하려는 의지와 작은 실천이 나비효과의 시작이 될 거예요.

어떤 'Doing'을 실행할 때 때 가장 중요한 것이 '나'의 행복과 만족에 기준을 두는 것인데 개인적으로는 이것이 가장 중요하다고 생각해요. 타인의 시선을 지나치게 신경 쓰는 자존감이 낮은 사람들도 온전히 '나에게만 집중하는 것'이 가장 중요한 포인트라고 생각합니다. 자기 자신에게 집중해 행복과 성취감을 느낀다면 타인의 시선은 차치하게 될 거예요.

제가 처음 코치와 강사로서 사람들을 만났을 때 다른 강사들과 저를 끊임없이 비교하면서 나는 왜 저 사람들처럼 하지 못하는지 스트레스를 받았어요. 그렇게 몇 달 동안 마음고생을 하다가 문득 5년, 10년의 경력을 쌓은 사람들과 햇병아리인 나를 비교했다는 사실을 깨달았어요. 진짜 내 앞에 놓인 현실과 1년 차, 2년 차 강사답게 성장하고 있는 내 모습을 감사히 여기자고 생각하자 비로소 나 자신에게 집중하고 안정을 찾을 수 있게 되었습니다.

지금은 아무것도 아닌 것처럼 여겨지는 작은 'Doing'부터 시도하면서 주체적으로 자기 정체성을 찾아보는 건 어떨까요? 어떤 상황이 눈앞에 펼쳐졌을 때 이 삶이 나로부터 시작되고 나의 작은 움직임과 변화로 달라질 수 있다는 것을 믿어야 해요. 어쩔 수 없는 나의 상황을 비난하고 타인에게 책임의 무게를 돌리려고 한다면 더 나은 방향으로 나아갈 좋은 기회조차 놓칠 수 있습니다.

이 글을 읽는 오늘, 지금 당장 나는 어떤 'Doing'을 해 보면 좋을까요?

퇴사와 이직을 꿈꾸는 승무원을 위한 두 번째 커리어 플랜

탑 클래스 마인드셋

초판 1쇄 인쇄 2021년 10월 5일
초판 1쇄 발행 2021년 10월 12일

지은이 김샛별, 김지은, 조민지

대표 장선희
총괄 이영철
책임편집 정시아
기획편집 이소정
마케팅 최의범, 조히라, 이정태, 강주영
디자인 최아영 **교정교열** 한이슬
사진 낭만배군(@_peppermint.b)
외주디자인 프롬디자인(@fromdesign_studio)

펴낸곳 서사원
출판등록 제2018-000296호
주소 서울시 마포구 월드컵북로400 문화콘텐츠센터 5층 22호
전화 02-898-8778 **팩스** 02-6008-1673
이메일 cr@seosawon.com
블로그 blog.naver.com/seosawon
페이스북 www.facebook.com/seosawon
인스타그램 www.instagram.com/seosawon

ⓒ김샛별, 김지은, 조민지, 2021

ISBN 979-11-90179-99-7 03190

서사원은 독자 여러분의 책에 관한 아이디어와 원고 투고를 설레는 마음으로 기다리고 있습니다.
책으로 엮기를 원하는 아이디어가 있으신 분은 이메일 cr@seosawon.com으로 간단한 개요와 취지,
연락처 등을 보내주세요. 고민을 멈추고 실행해보세요. 꿈이 이루어집니다.